유로피안 판도라
THE EUROPEAN PANDORA

유럽 통합의 과거, 현재, 미래
유로피안 판도라

조명진 지음

THE EUROPEAN
European Integration's Past, Present and Future
PANDORA

안티쿠스
ANTIQUUS

장덕상 선생님과 잉에마르 더르퍼르 박사께 이 책을 바친다.
Acknowledgement_감사의 글

장덕상 선생님은 중앙일보 기자로 1960년대 말부터 7년 간의 프랑스 특파원 생활 후 출간한 책《프랑스와 프랑스인》을 필자의 부친에게 증정했다. 1970년대는 한국을 벗어나 해외에 나가는 것 자체가 선망의 대상이었던 시절 필자는 아버지의 친구분이 쓴 책을 신기함과 존경심을 가지고 읽었다. 이 책을 통해서 필자는 유럽에 대한 첫 경험을 간접적으로 하게된 것이다.

《프랑스 프랑스인》을 읽은 지 22년 후인 1987년 여름, 필자가 처음으로 밟은 이국 땅은 우연하게도 프랑스였고, 당시 주불한국문화원장을 맡고 계신 장덕상 선생님의 영접을 받았다. 그 우연은 1993년 이후로 영국, 스웨덴, 독일 3개국의 런던, 스톡홀름, 본, 베를린 4개 도시에서 거주하게 되고, 파리, 브뤼셀, 비엔나 등 3개 도시를 무대로 활동하는 삶으로 이어졌다. 즉, 그 우연은 7개 유럽도시를 20년 간 누비며 살아 온 필자와 유럽과의 운명 같은 인연의 시작이었던 것이다. 이렇듯, 장덕상 선생님은 필자의 30대와 40대를 보낸 유럽과의 만남에서 첫 장을 열어 준 분이다.

고 잉에마르 더르퍼르 Ingemar Dörfer, 1939-2009 박사는 1998년 영국에

있던 필자를 스웨덴 국방연구소FOI로 초청해 주었고, 국방대학교FHS 로 옮길 때도 힘써 주었다. 그는 필자가 3년 간의 스웨덴 생활을 마치고 2001년 독일 본국제군축센타BICC로 갈 수 있도록 추천서를 써줬다. 영국 유학 시절 이후 지금까지 필자의 유럽 생활은 더르퍼르 박사가 있었기에 가능했다.

고 잉에마르 더르퍼르 박사는 독일인 아버지와 스웨덴인 어머니 사이에서 2차 세계대전이 발발하던 해인 1939년 나치 독일의 수도 베를린에서 출생했고, 1945년 전쟁이 끝날 무렵 어머니를 따라 함락이 임박한 베를린을 떠나 스웨덴으로 옮겨갔다. 1969년 하버드 대학교에서 헨리 키신저의 지도아래 박사학위를 받았고, 스웨덴에서 안보전문가로 활동했다. 1992년에서 1994년까지 칼 빌트 정권에서 외교안보수석을 맡았고, 그 이후 스웨덴 국방연구소 소장으로 재임했었다.

목차 __ 7
프롤로그 __ 10

— 제1장 완벽한 유럽인(Perfect European)이란?

유럽인의 기질과 국민성 __ 15
유럽의 지역감정 __ 28

Tip 유럽 국가란? __ 33
Tip 유럽 5개국 경찰의 대응 비교 __ 34

— 제2장 유럽인의 창의성

독일/프랑스/영국/이탈리아/스웨덴 __ 39
서구중심적 노벨상 __ 45
유로비전 송 콘테스트 __ 52
그랑프리에 얽힌 이야기 __ 53

Tip 세라믹과 만년필을 통해 본 유럽의 경쟁력 __ 55
Tip 유럽 관점에서 본 한국인의 창의성 __ 58

— 제3장 유럽 연합의 언어

언어별 편견 __ 68
유럽연합의 다언어주의 __ 73
유럽 주도언어의 변천: 프랑스어에서 영어로 __ 74
EU 확대에 따른 영어의 부상 __ 75
유로비전에서 영어의 부상 __ 77

Tip 제일 간단한 유럽 언어는? __ 80
Tip 2050년 세계 10대 주도 언어 전망 __ 82

─ 제4장 유럽의 왕실

유럽통합의 토대가 된 왕실 간 통혼 __ 89
통혼의 역사 __ 91
스웨덴 빅토리아 공주의 결혼식을 통해 본
  유럽 왕실의 결혼 트렌드 __ 100
영국 왕실과 프랑스의 불협화음 __ 103
노블레스 오블리주 __ 104

Tip 기독교와 유럽 __ 108
Tip 발렌베리 가문 __ 113
Tip 왕과 나 __ 118

─ 제5장 유럽 통합의 미래

유로화의 도입 __ 126
EU 확대와 터키 가입문제 __ 131
그리스 재정위기 __ 135
스웨덴과 유로화 __ 139
흔들리는 런던의 위상 __ 143
영국의 선택- EU 탈퇴냐 잔류냐 __ 145
EU 내 주도권 경쟁 __ 151
역사의 멍에를 지고 가는 영국과 프랑스 관계 __ 155
비즈니스 파트너로서 영국과 독일 관계 __ 156
유럽중앙은행ECB의 역할과 한계 __ 158
ECB 총재 선임 둘러싼 회원국의 파워 게임 __ 159
유로존의 미래 __ 162

Tip 나단 로스차일드 신화 __ 165
Tip 독일 경제의 성공 요인 __ 167

THE EUROPEAN PANDORA

제6장 유럽의 스캔들과 스포츠

스위스 은행의 비밀주의 __ 173
유럽연합EU의 수치, 에타ETA __ 178
ETA의 무력 항쟁 포기 발표 배경 __ 180
전망 __ 181
부르카 착용 금지의 의미 __ 182
유럽 극우 정당의 등장 __ 187
증가 일로에 있는 유럽 극우 정당 __ 188
영국 동성 결혼 합법화와 캔터베리 대주교의 사임 __ 189
유럽의 스포츠 __ 191
월드컵 개최 유럽 10회, 아시아 아프리카 각각 1회 __ 194
Tip ETA는 테러 조직인가 분리주의 단체인가? __ 201
Tip 크로아티아와 보스니아 간 '계란 전쟁' 가능성 __ 203
Tip 유럽 축구의 성공 배경 __ 206
에필로그 __ 209

부록 유럽과 나

뉴욕에서 만난 사람: 한국 최초 유럽 안보 전문가 조명진 박사 __ 215
외규장각 도서 반환의 인사이드 스토리 __ 219
스칸디나비아의 키신저, 더르퍼르 박사와 특별한 인연 __ 222
참고문헌 __ 226

Note: 필자는 2011년 6월 삼성전자 구주본부에서 '유럽과 유럽인'라는 제목으로 강연을 한 바 있다. 유럽시장 점유율 1위를 차지한 삼성전자가 1위 자리를 유지하기 위해서는 유럽 문화에 대한 이해가 있어야 한다는 취지로 필자를 초청한 것이다. 그 강연은 이 책 〈유로피안 판도라〉의 제1장, 제2장, 제3장에서 발췌한 내용으로 이루어졌다.

프롤로그

2011년 7월 한국과 EU의 자유무역협정FTA이 발효되었다. 라파이유의 《컬처 코드》에서 "세계 시장을 공략하기 위한 전략에는 각국의 문화적 배경을 고려한 맞춤형 전략이 포함되어야 한다."는 주장처럼, 한국은 경제 정치적으로 중요성이 더해 지고 있는 유럽연합EU의 회원국들의 문화적 차이점을 제대로 알아야 효과적으로 유럽을 상대할 수 있다. 리프킨의 《유러피언 드림》에서 분석하는 것처럼, 미국인들보다 더 긴 휴가를 보내지만 실질적으로 미국보다 높은 유럽의 생산성은 어디서 생겨났는지, 그리고 유럽인들의 강점은 무엇인지를 파악하는 것은 유럽을 경쟁 상대인 동시에 시장으로 보는 우리에게 중요하다.

한국의 여론 조사에서 호감가는 국가를 선택하라고 하면 높은 점수를 받은 나라들은 대부분 유럽국가들이다. 언어는 물론 다른 문화적 배경 속에서도 통합을 이루어가는 유럽인들의 모습을 보면 동아시아 국가들간의 다소 경직된 관계와 비교하면 부러운 것이 사실이다. 하지만 《유로피안 판도라》에서 말하고자 하는 것은 피상적인 유럽을 예찬하고자 함은 아니다. 우리와 크게 다르지 않은 인간 군상들의 모습과 그 모습 속에 감추어진 유럽인들의 실상과 저력을 이 책에서 조명하고자 한다.

판도라Pandora는 그리스어로 '모든'을 뜻하는 pan과 '선물' 또는 '재주'라는 의미의 'dora'의 합성어이다. 이 책은 유럽 사람들의 모든 재주, 즉 우리가 갖고 있지 않은 유럽적인 것들을 다루고 있다. 그리스와 로마 문명 위에 꽃피운 유럽이 매력적인 것은 무엇보다도 다른 문화 정치적 배경의 나라들을 하나로 묶어내는 통합능력이다. 유럽인들도 시대의 흐름을 따라 적응하며 살고 있다. 여기서 간과해서는 안 될 것은 그 적응의 목적이 기득권을 유지하기 위한 노력이며, 세계가 계속 서구 중심으로 움직여야 한다는 자신감을 바탕에 깔고있다는 점이다.

우리조차 서구 중심적 세계관을 지니고 있다. 그 증거 중에 하나가 우리의 지정학적 위치를 '극동Far East'으로 아무런 비판없이 수용하고 있다는 사실이다. '극동'이란 바로 유럽을 중심으로 바라보았을 때 '동쪽 끝'이란 뜻이다. 그렇다면 우리의 자주적 관점에서 볼 때, 유럽은 '극서Far West'이어야 한다. 그런데 유럽을 '극서'로 부르는 사람은 보지를 못했다. 즉 '극동'은 당연한 것이고, '극서'는 낯설다라고 생각하고 있다는 자체가 우리의 세계관이 서구 중심적이라는 증거라고 하겠다.

《유로피안 판도라》는 유럽을 다양한 스펙트럼을 통해서 국민성, 언어, 창의성, 왕실 전통, 유럽통합, 대중 문화, 스포츠 등을 다각도로 들여다 본다. 이 책의 특징은 유럽의 역사, 문화, 정치, 경제, 교육, 예술, 사상, 종교, 국제관계 등을 과거, 현재 그리고 미래 관점에서 통합적으로 다루었다는 것이다. 그러므로 이 책은 유럽에 관심이 있는 독자에게는 흥미로운 사실들을 접하게 해 줄 것이며, 유럽 시장을 알아야 하는 독자에게는 유용한 정보가 될 것이다. 유럽과 성공적으로 협력하고 경쟁하기 위하여 유럽을 좀더 깊이 이해하는데 이 책이 일조하기를 바라는 마음이다.

THE EUROPEAN PANDORA

제1장
완벽한 유럽인(Perfect European)이란?

THE EUROPEAN PANDORA

유럽인의 기질과 국민성

완벽한 유럽인은 …

다음의 그림 엽서는 2003년 필자가 유럽연합집행이사회에 처음 초청되어 방문했을 때 구내매점에서 보게 되었다. 유럽연합EU 주요기관이 위치한 벨기에의 수도 브뤼셀에서 구할 수 있는 이 엽서는 '완벽한 유럽인THE PERFECT EUROPEAN'이란 제목으로 영국에서 만든 것이다. 당시 15개국 EU 회원국의 특징을 현실과는 반대이지만, 유머있게 빗대어 가며 각 나라 국민성과 기질을 소개하고 있다. '하나의 유럽'을 표방하는 유럽연합에서 각 나라 국민들의 장점을 모두 갖춘 사람이 있다면 이는 실로 '완벽한 유럽인'이라 할 수 있겠다. 실제로는 실현 불가능해 보이는 완벽한 유럽인은 어떤 모습인지 살펴본다.

엽서의 왼쪽 위부터:

• Cooking like a Brit : 영국 사람처럼 음식 잘하기

• Available as an Belgian : 벨기에 사람처럼 찾으면 재깍 나타나기

• Flexible as a Swede : 스웨덴 사람처럼 융통성 있기

• Sober as the Irish : 아일랜드 사람처럼 술 안 마시고 맨 정신으로 있기

• Talkative as a Finn : 핀란드 사람처럼 수다스럽기

• Famous as a Luxembourger : 룩셈부르크 사람처럼 유명하기

• Humble as a Spaniard : 스페인 사람처럼 겸손하기

• Generous as a Dutchman : 네덜란드 사람처럼 관대하기

• Humorous as a German : 독일 사람처럼 유머감각 있기

• Patient as an Austrian : 오스트리아 사람처럼 인내심있기

• Organised as a Greek : 그리스 사람처럼 조직적이기

- Driving like the French : 프랑스 사람처럼 얌전히 운전하기
- Technical as a Portuguese : 포르투갈 사람처럼 기술적이기
- Controlled as an Italian : 이탈리아 사람처럼 감정 절제하기
- Discreet as a Dane : 덴마크 사람처럼 분별력 있기

필자는 이 엽서에서 열거된 15개 유럽 국가 국민들의 기질에 대한 편견이 어떻게 생겨난 것인지 논평해 보고, 경우에 따라서 엽서에 나타난 영국인들의 편견에 대해서 반박도 펼쳐본다.

• 영국 사람처럼 음식 잘하기- Cooking like a Brit

영국의 대표 음식이라면 생선과 감자 튀김인 피쉬 앤 칩스 Fish and Chips를 떠올리지만, 사실 이 말은 영국 자체의 먹거리 문화는 특별한 것이 없다는 뜻이다. 많은 미식가들이 영국 음식이 최악의 음식이라고 말할 뿐더러, 조리법도 단순하다고 평하곤 한다. 대륙의 프랑스나 이탈리아 요리에 비해 영국의 요리가 독자적으로 발달하지 못한 것에는 이유가 있다. 먼저 영국은 로마제국의 식민지에 이어 노르만의 침입 그리고 프랑스의 영향으로 외세에 의한 생활문화가 더 강하게 뿌리를 내린 나라이다.[1]

영국의 먹거리에 대한 편견의 근본적인 원인은 영국은 토양이 척박하고 기후가 농작물 경작에 맞지 않아 감자와 밀 같은 일부 곡식과 캐

---

[1] 조명진, '완벽한 유럽인'은 어떤 사람일까?, 시사저널 [1107호], 2011.01.05.

비지 같은 채소 이외에 잘 재배되는 곳이 아니기 때문이다. 좋은 음식은 좋은 재료에서 나온다는 지극히 당연한 진리를 영국의 경우를 통해서 확인하게 된다. 평지는 많은데 농작물을 재배하기는 부적당하니, 양을 키우는 목초지와 골프장이 많은 이유 이기도 하다.

- 벨기에 사람처럼 찾으면 재깍재깍 나타나기
  - Available as an Belgian

필요할 때 찾으면 담당자가 없다는 선입관을 상징적으로 표현했다. 유럽 대부분의 나라가 한국에 비해서 모든 것이 느리고 오래 걸리기는 하지만, 이런 선입관 때문인지 필자도 브뤼셀 식당에서 주문을 했을 때 유난히 오래 걸린다는 생각이 들었다. 주문도 늦게 받으러 오고, 음식도 늦게 나오고, 계산도 늦게 하고, 많은 것이 천천히 움직이는 경험을 해보니 이 편견이 맞는 것 같기도 하다.

대신, 양질의 초콜릿[2]을 생산하는 것으로 유명한 벨기에를 두고 '벨기에 사람처럼 달콤하기-Sweet as an Belgian'라고 했다면, 벨기에 사람들을 달콤함의 이미지로 남겼을 텐데 말이다. 벨기에 출신 파티셰 pâtissier-제과전문가인 상데 S.G Sender 는 1981년 다이애나 비와 찰스 왕세자 결혼식을 비롯한 유럽 왕실 행사의 대형 케이크를 만드는 것으로도 유명하다.

---

2 벨기에 유명 초콜릿 브랜드는 GUYLIAN, COTE D'OR, Hans Burie, Neuhaus, Galler, Manon 등이 있다.

• 스웨덴 사람처럼 융통성 있기- Flexible as a Swede

법과 원칙대로 일을 처리한다는 인식을 주는 스웨덴 사람을 말한다. 스웨덴은 투명성 면에서 유럽에서도 가장 높은 점수를 받는 나라다. 스웨덴은 유럽에서도 최고 수준의 사회복지 시스템을 운영하며 평등주의 egalitarianism 측면에서 일체감을 강조하는 나라다. 따라서 'Egalitarian as a Swede-스웨덴 사람처럼 평등추구하기'라고 해도 어울릴 표현이다.

지난 200년 동안 전쟁에 휩쓸리지 않은 덕분에 훌륭한 사회보장제도를 지속적으로 운영해 올 수 있었다. 그러나 근대사에 국가적 고난을 겪지 않아서 인지, 인구가 스웨덴보다 훨씬 적은 노르웨이 그리그나 핀란드의 시벨리우스처럼 세계적 음악가를 배출하지 못했다. 그렇게 보면, 예술이란 시대적 아픔이 있어야 꽃을 피우나 보다.

• 아일랜드 사람처럼 술 안 취하고 맨 정신으로 있기
  - Sober as the Irish

일인당 세계 최고의 알코올 소비량을 두고 빗대는 유머이다. 세계 신기록을 기록한 책 기네스북 Guinness Book 을 스폰서하는 기네스가 바로 아일랜드의 맥주회사 이름이다. 그런데 윌리암 예이츠, 오스카 와일드, 제임스 조이스, 버나드 쇼 등 기라성 같은 시인 문학가를 배출한 것은 놔두고 음주문화를 부각시켜 주량을 빗대어 폄하하는 영국인들의 저의가 야속하게 느껴지기도 한다. '시적인 아일랜드 사람 Poetic as the Irish'이라고 해야 어울리는 표현일 텐데 말이다.

그런데 정작 이렇게 말하는 영국인들 주량도 만만치 않다. 유럽에서 폭음이 심한 나라 순위에서 영국은 당당히(?) 3위를 차지한다. 1위는 핀란드, 2위는 아일랜드이다. 따라서 영국사람들이 아일랜드 사람들 술 많이 마신다고 흉볼 개재가 못 된다.

폭음하는 날의 수연간

핀란드: 32일, 아일랜드: 32일, 영국: 28일, 벨기에: 27일, 덴마크: 21일, 독일: 21일, 프랑스: 20일, 네덜란드: 18일, 스페인: 14일, 그리스: 12일, 스웨덴: 10일

- **핀란드 사람처럼 수다스럽기**- Talkative as a Finn

스칸디나비아 사람들이 대체로 그렇듯이 핀란드 사람은 말수가 적다. 아무튼 핀란드 사람들은 추운 날씨 탓인지, 과묵한 성향을 지녔다. 그래도 술을 마시면 한국사람처럼 화끈해지는 화통한 분위기를 즐긴다. 앞선 통계에서 보여주듯이 폭음하는 날의 수로 유럽에서 1위를 차지하는 핀란드 국민성은 술을 마셔야 말문을 여는 것 같다. 한편, 핀란드의 무료 공교육은 최고 수준으로 평가된다. 가난한 사람도 드물지만 경제적으로 아주 잘사는 사람 역시 드문, 부의 분배가 잘 이루어진 나라다. 그러나 이민자도 거의 없고, 현지인들만 많아 외국인의 모습이 눈에 잘 띄어 조금은 불편한 시선을 의식하게 되는 나라다.

- **룩셈부르크 사람처럼 유명하기**- Famous as a Luxembourger

전체 인구가 47만 명 밖에 안 되기 때문에 아무래도 국제적으로 유명

인사 찾기는 힘들거라는 편견이다. 하지만, 이러한 영국적 편견은 맞지 않다. 왜냐하면 유럽연합에서 최고위직인 EU 집행이사회 위원장 직을 영국인은 고작 한 번 역임했는데, 룩셈부르크 출신 인사는 3번이나 차지했었다. 뿐만 아니라 유럽 최대의 가요축제인 '유로비전 송 콘테스트'에서 5회 우승한 기록을 갖고 있는 룩셈부르크이다. 최다 우승국은 7회의 아일랜드이고, 영국도 룩셈부르크와 같이 5회 우승한 바 있으니, 룩셈부르크를 인구수로만 보고 잘못 지어낸 편견이라고 여겨진다.

룩셈부르크의 1인당 GDP는 5만 5,600달러로 세계 최고 수준이다. 그러고 보면 룩셈부르크는 '소강국'임에 틀림없다. 하지만 룩셈부르크가 부유한 국가인 배경에는 스위스처럼 은행의 비밀주의로 검은 돈을 세탁해주는 '금융세탁업'이 발달한 점도 한 몫하고 있으니 마냥 긍정적인 부분만은 아니다.

- 스페인 사람처럼 겸손하기- Humble as a Spaniard

스페인의 문호 세르반테스가 묘사한 허풍선이 돈키호테 그리고 바람둥이 카사노바와 돈 환이 여자에게 접근하는 방법을 보면 겸손하고는 거리가 멀다. 하지만 낙천적인 기질과 대가족적인 사회 분위기는 북유럽 국가들보다 인간적이어서 친근감을 준다. 특히 스페인 남부 안달루시아는 스페인 사람들에 대한 고정된 이미지를 가장 많이 나타내는 지역이다. 이곳 스페인 사람들은 과장이 심하고, 변덕이 심하고, 일하기 보다 놀기를 좋아하는 기질을 보인다. 안달루시아는 플라멩코의 본고장인데다 축제가 많기로 유명하다 보니 노는 문화는 스페인에서도 타의 추종을 불허하는 지방이다.

'Al Andalus'라는 원래 지명에서도 알 수 있듯이 이 곳은 이슬람 지배아래 있던 지역이어서 여타 지역의 유럽 문화와는 다른 독특한 색채가 있다. 이 지방 사람들은 유럽에서는 찾아 보기 힘들 정도로 정감이 많은 사람들로 평이나 있다. 먼 데서 왔다고 밥 먹고 가라며 놓아주지 않고, 돌아갈 때는 음식물을 바리바리 싸주는 것은 유럽에 사는 동안 안달루시아에서만 경험해 보았다. 이런 안달루시아 지방 사람들의 모습은 한국인과 같이 정이 넘친다.

• 네덜란드 사람처럼 관대하기- Generous as a Dutchman

영국보다 먼저 식민지를 찾아 나섰던, 항해와 상업에 능한 네덜란드 사람들은 계산적이고 정략적이었다는 이미지를 남겨, 관대한 모습이 없다는 영국적 편견이다. 대신, '네덜란드 사람처럼 꽃 사랑하기 Flower-lovings as a Dutchman'라고 해도 어울릴 말이다. 풍차와 튤립의 이미지로 각인되어 있는 네덜란드에서 봄에 열리는 튤립 축제는 국경을 맞대고 있는 이웃 유럽국가 국민들을 불러들이는 유럽의 축제로 자리를 잡았다.

• 독일 사람처럼 유머감각이 있기- Humorous as a German

2차 대전을 배경으로 한 영화들에서 그려지는 독일군의 차갑고 냉정한 이미지만 떠올려 보아도 독일사람들에게서 유머감각을 기대하기란 힘들 것만 같다. 그런 점에서 'Disciplined as a German-독일 사람처럼 절도 있기'라고 할 수도 있겠다. 게다가 고전음악 유명작곡가들 중에 독일출신의 작곡가들이 많은데, 베토벤, 바그너, 슈베르트 등이 작곡한 곡들의 이미지는 심각함과 진지함 그 자체여서 이 또한 유머와는 거리가 있다고 생각된다.

독일의 공사 현장 표지판에는 한국이나 영국의 '공사로 인해 통행에 불편을 드려 죄송합니다Apologies for any inconvenience caused by construction', 이라는 안내문 대신에, 'Wir bauen für Sie! 우리는 당신을 위해서 공사하고 있다We construct for you!' 라고 쓰여있다. 정부나 기업에서 공익을 위해 하는 일에 이의를 제기하지 말라는 권위적 모습에 유머감각이 설자리가 없어 보인다.

우스개 소리로 두 번의 세계 대전을 일으킨 독일은 일단 리더십이 정해지면 전적으로 따르는 국민성을 빗대어, 전투에서 "공격!" 명령이 독일군에게 떨어지면 묵묵히 명령을 따르는 반면, 스페인 같은 지중해 국가는 "공격!" 하면, 병사 중에 손을 들어 "내일 하면 안 돼요?"라는 반문을 제기한다는 국민성 비교가 있다.

• 오스트리아 사람처럼 인내심있기- Patient as an Austrian

유럽 사람들에게서 보기 드물게 성급한 오스트리아 사람들의 급한 기질은 오스만 투르크오스만 제국가 1683년 비엔나까지 영토를 넓힌 적이 있어서인가 보다. 통상 아랍인들의 기질을 급하다고 생각하는 선입관 때문에 이런 편견을 갖은 듯 하다. 필자가 비엔나 시내 관광을 하는데 관광가이드가 지금 지나가는 곳은 설명하지 않고 다음의 볼거리를 미리 설명하는 통에 제대로 관광을 못했던 기억이 있다. 한편, 오스트리아는 스위스와 더불어 알프스 산맥의 멋진 자연 풍경을 끼고 있어 아름다운 자연을 가진 매력인 나라다. 특히, 비엔나 숲은 베토벤, 슈베르트, 모차르트가 휴양하며 음악적 영감을 받은 곳으로 유명하다.

• 그리스 사람처럼 조직 잘하기- Organised as a Greek

조직력하면 세계 전쟁을 두 번이나 일으킨 독일을 들 수 있는데, 이와 정반대되는 유럽 국가의 경우는 그리스군이 아닐까 싶다. 2차 대전에서 독일군에 참패했고, 1974년 사이프러스 분쟁 당시 터키와의 전쟁에서도 지지부진했었다. 그런데 그런 그리스가 2004년 유로 축구에서 우승을 했다. 그 공로를 독일 출신 오토 레하겔 감독에게 돌리는 것은 흥미롭다. 한편, 유럽발 재무위기가 그리스에서 시작된 점은 그리스 정부의 허술한 재무정책과 함께 효율적인 재무관리 감독 조직의 부재에서 비롯되었다고 지적되고 있다. 그러니 이러한 편견이 틀린 것만은 아닌 듯 하다.

• 프랑스 사람처럼 운전 얌전히 하기- Driving like the French

영국에 비해서 교통사고 사망자수가 두 배인 것을 두고 하는 말이다. 헌데, 이 편견은 영국 기준이지 결코 국제 기준은 아니다는 사실이다. 인구 10만 명당 교통사고 사망자 수는 영국의 8.7명 보다 프랑스가 16명으로 거의 두 배인 것은 사실이지만, 독일 14.9명과 비슷하고, 그리스의 23.1명보다 훨씬 적다는 OECD 통계를 보면, 프랑스인들의 운전에 대해서 흉보는 것은 지극히 영국적 기준이다.

　참고로 일본은 교통사망자수가 10만 명 당 13명, 미국은 20.2명 그리고 한국은 유감스럽게도 33.6명에 이른다. 필자가 경험한 바에 의하면 파리의 운전자들은 서울의 운전자들에 비해 오히려 무척 얌전히 운전하고, 양보도 잘 한다는 인상을 받았다. 따라서 이 그림 엽서가 세계인을 상대로 한 것이 아님을 다행으로 여겨야 할 듯 하다.

• 포르투갈 사람처럼 기술적이기- Technical as a Portuguese

포르투갈은 애석하게도 유럽연합 내에서 국민총생산GDP이 평균 이하에 속하는 나라다. 그래서 포르투갈이 생산하는 세계적으로 알려진 유명상표가 드물다. 전자, 자동차, 기계, 금속, 화학산업, 조선 등 고부가가치의 중공업 산업이 모두 취약한 포르투갈은 국민들 모두 기계와는 친하지 않은가 보다. 그래도 현 EU 내 최고위직 인사인 유럽연합 집행이사회 바로소 위원장이 포르투갈 사람이다. 또한 BRICS의 한 나라인 브라질이 포르투갈의 식민지였기 때문에 포르투갈어를 공용어로 사용하고 있다. 영국과 네덜란드보다 먼저 식민지 확보에 나선 포르투갈은 과거 영화로 인해서 역사에 대한 긍지가 강한 국민임에 틀림없다.

• 이탈리아 사람처럼 감정절제하기- Controlled as an Italian

다빈치, 미켈란젤로, 라파엘로를 비롯해 비발디, 푸치니, 베르디 등 세계적으로 걸출한 예술가들은 차분한 환경에서는 나오지 못하나 보다. 이탈리아의 거장들을 보면 감정적으로 풍부하여 그것을 마음껏 표출하는 환경에서 세계적인 예술작품이 나오는 것이라는 생각이 든다. '손을 묶어 놓으면, 말을 못한다'고 할 정도로 이탈리아 사람들은 말할 때 손 동작도 크고 요란하다. 하지만 기쁨과 슬픔을 있는 그대로 표현하는 다혈질적인 이탈리아 사람들이지만, 그들의 창의성만은 알아 줘야 한다.

라파이유가 《컬처 코드》에서 표현한 것처럼, 이탈리아 남자들이 자신을 가꾸는 일에 여자 못지 않게 노력하는 이유가 유혹을 중요시 여기는데 있다고 한다. 그래서 이탈리아 남성이 매력적인 여성에게 휘파람 부는 것을 주저하지 않는 다는 점에서 감정 절제와도 연관이 있다고 여겨진다. 하지만, 이탈리아 남성의 휘파람이 황홀하게 받아들여진다고 하더라도 다른 국가 남성들은 그렇지 못하다는 비공식 연구결과도 참고할 필요가 있다.

• 덴마크 사람처럼 분별력있기 - Discreet as a Dane

2차 대전 당시 독일에 적극 협력한 전력과 네오 나치가 독일 이외에 덴마크에 가장 많다는 사실 때문에 이런 말이 나온 듯 하다. 더불어 스칸디나비아의 포르노 영화산업이 덴마크에 가장 집중되어 있는 점을 두고 이런 편견을 가졌다는 생각이 든다. 2005년 덴마크의 한 일간지는 모하메드가 폭탄 터번을 두룬 만평을 실었다가 이슬람국가들의 격렬한 분노를 자아낸 적도 있는 걸 보면, 덴마크인들에게 분별력이 요구되는 측면도 없지 않다.

하지만, 《페르 퀸트》와 《인형의 집》을 쓴 덴마크의 문호 입센과 수도 코펜하겐에 있는 인어상의 이미지는 분별력에 대한 부정적인 덴마크의 이미지를 상쇄시킬 수 있다고 생각된다. 게다가 한 조사에 따르면 세상에서 가장 행복한 나라 1위에 덴마크가 뽑혔다. 그 이유는 자연의 아름다움, 적은 인구, 훌륭한 교육의 질, 잘 갖춰진 건강보험 체계 등을 갖고 있기 때문이다. 덴마크의 뒤를 이어 스위스 2위, 오스트리아 3위, 아이슬란드 4위, 핀란드 6위, 스웨덴 7위, 아일랜드 11위, 룩셈부르크 12위 등 유럽국가들이 상위권을 휩쓸고 있다.

그림엽서에 나온 15개국 이외에 유럽연합 회원국은 아니지만, 필자의 관찰에 근거해 스위스를 추가해 본다.

• 스위스 사람처럼 느슨하기 Easy-going as the Swiss

스위스 사람들은 무슨 일이든 느슨한 법이 없다. 그런 점에서 'Punctual as the Swiss- 스위스 사람처럼 정확하기'라고 하면 어울릴 표현일 것이다. 실제로 스위스는 정밀산업인 시계 제작과 복잡한 금융상품을 어느 나라보다 잘 취급하고 있다. 정확성과 품질로 세계적인 명성과 400년 전통을 자랑하는 스위스 시계산업은 약 200개 시계 브랜드의 제품을 지니고 있으며, 세계적으로 유명한 스와치, 로렉스, 오메가, 까르띠에를 만든다.

스위스의 비밀주의는 스위스 은행들의 성공과 밀접한 관련이 있다. 스위스 사람들은 비밀 엄수를 신뢰도의 일부로 보고 있다. 그러기 위해서 신중해야 할 뿐만 아니라 정확해야 한다. 이러다 보니, 틈을 보이지 않는 꼼꼼한 국민성을 보여준다.

유럽의 지역감정

국가 간inter-states에 갖는 편견과 함께, 한 국가 안에 존재하는 국가 내 intra-state 편견도 존재하는 것은 사람 사는 곳이면 어디에나 마찬가지라고 생각된다. 특히, 자신이 모르는 지역에 대해서 갖게 되는 선입견이란 다른 사람의 경험과 관찰에 의한 것이 일반적인데, 이것을 자신이 직접 확인하게 되는 경우 편견으로 굳어지게 되는 경향이 있다.[3]

유럽 각국에도 한 나라 안에서 조차 지역색과 지역감정이 존재한다. 밀라노나 베네치아 같은 북 이탈리아에 사는 사람들은 로마 밑 남쪽 이탈리아 사람들을 유럽인으로 취급하지 않는 경향이 있다. 로마 위쪽이 경제적으로 더 잘살기 때문이다. 남쪽은 농업위주이고, 산업화에서 뒤쳐진 시실리섬은 마피아 근거지로 잘 알려져 있다.

독일 남부 바이에른 지방은 독일 어느 지역보다도 높은 지역적 우월감을 지니고 있다. 실제로 바이에른은 독일 16개주 중에 가장 부유한 주다. BMW 등 독일 주요 제조업체가 바이에른에 위치하고 있어, 바이에른 사람들은 자신들을 독일인이라 하지 않고 바이에른 사람이라고 할 만큼 독일 어느 지역보다도 높은 지역적 우월감을 지니고 있다. 이런 점에서 바이에른의 수도 뮌헨Munich이 히틀러의 나치당이 창단된 곳이라는 점은 우연이 아니다. 지역색과 관련해서 히틀러의 일화가 있다. 히틀러가 자신의 비서를 뽑을 때 후보들에게 단 한 가지 질문을 했는데, 그것은 어디 출신이냐는 것이었다. 히틀러의 선택을 받은 여성은

---

[3] 조명진, '연합'한 유럽, 지역감정은 골 깊네, 시사저널 [1100호], 2010.11.17.

뮌헨 출신의 트라우들 융에Traudl Junge였다.

라인강 서쪽에 위치한 쾰른과 본에 사는 독일 사람들은 라인강 동쪽에 사는 독일사람들을 문명 밖에 산다고 놀리기도 한다. 이는 라인강 서쪽까지 통치했었던 로마제국서로마제국- BC 27~AD 476, 동로마제국 AD 1453의 로마인들은 라인강 건너는 훈족이 지배했기 때문에 문명 밖이라고 여겼던 역사적 이유 때문이다.

한편, 통일 후 다시 하나가 된 동서 베를린 간에 분단에 의한 잔재로 지역 감정이 있다. 베를린 장벽이 무너진 지 20년이 지났고, 독일 통일은 1991년에 공식적으로 이뤄졌지만, 통일독일 내 사회 통합은 제대로 이루어지지 않은 실정이다. 독일 일간지 베를린 자이퉁의 여론 조사에 따르면 놀랍게도 구 동독국민의 49퍼센트가 동독시절이 좋았다고 답했다. 서독 응답자의 25퍼센트와 동독 응답자의 12퍼센트가 베를린 장벽을 다시 세우자는 의견을 볼 때 외형적인 통일은 이루어졌지만, 내면적인 통일은 아직 갈 길이 멀다는 것을 보여주고 있는 증거다. 44년 간 분단된 독일의 통합 과정이 이러한데, 분단 65년이 넘은 한반도의 통일 후 통합 과정은 훨씬 더 긴 세월이 걸릴 것이라고 생각한다.

스웨덴 국기   덴마크 국기

스코네 깃발

스웨덴에서는 남부 스코네Skåne, 영어로 Scania 사람들의 사투리를 표준 스웨덴어가 아닌 덴마크어라고 놀리기도 한다. 스코네 지방은 실제로 1658년까지 덴마크 영토였기 때문에 스웨덴 국기의 노란색과 덴마크 국기의 빨간 바탕을 섞어서 만든 '스코네 깃발Skåne Flag'로 자신들의 정체성identity 을 나타낸다.

흥미로운 것은 이 깃발을 자신의 생일을 자축하는 의미에서 집에 게양하거나, 차에 달고 다녀도 스웨덴 정부에서 독립주의자separatist 나 반정부anti-government 행동으로 보지 않는다는 점이다. 한때 적대국이었지만, 지금의 덴마크와 스웨덴 관계가 친밀하다는 것을 보여주는 것이어서 관대하게 그저 애교로 받아들이고 있다.

프랑스 남부 프로방스와 꼬트 다 주르 지방사람들은 북쪽의 덩커와 릴 같은 도시 사람들이 냉정하고 불친절해 사람 살만한 곳이 아니라는 편견을 갖고 있다. 지중해의 온화한 기후에 따른 프랑스 남부지방 사람들의 우월주의라고 할 수 있겠다. 지역별로 파리의 직업군을 형성하는 것도 흥미롭다. 클레르몽페랑의 오베르뉴 지역사람들도 파리의 카페와 담배 상점을 거의 독점하고, 나폴레옹이 태어난 코르시카 사람들은 프랑스의 정계와 공무원 사회의 핵심세력으로 코르시카 마피아라고 불린다. 알자스 로렌 지방 출신 사람들은 파리의 주요 식당들을 장악하고 있어 타 지역 사람들과 서로 견제 대상이다.

스페인의 지역주의를 논할 때 대표적으로 언급되는 두 지역은 스페인 북부의 빠이스 바스크와 동쪽에 위치한 카탈루냐이다. 상당수의 주민이 보다 많은 자치를 요구하고 있고, 심지어 스페인으로부터 독립을 주장할 정도다. 유럽이 정치 통합체로 발전하면서 이들 지역에서는 스페인의 한 지방이기를 거부하고 유럽의 한 구성원으로 자리매김되기를 희망하는 지방들이다.

두 지방 모두 스페인어 외에 고유 언어를 사용하고 정치와 문화적 독자성이 강한 특징이 있는데, 프랑코 독재시대에 고유 언어 사용 금지 등 극심한 정치 사회적 탄압을 겪으면서 오히려 저항의식이 증폭되었으며 이로 인해 지역주의와 민주화 운동이 결합된 양상으로 발전하였다. 빠이스 바스크에서는 한 걸음 더 나가 에타ETA라는 독립무장단체까지 등장하게 만들었다. 영국이 북아일랜드 독립을 위한 무장단체인 아일랜드 공화군IRA의 테러공격 대상이었듯이, 에타는 스페인 중앙정부에 대한 테러를 자행하고 있어 골치거리다.

일반 시민들의 라이벌의식은 마드리드와 카탈루냐 지방 사람들 간에 특히 심해서, 레알 마드리드와 F.C. 바르셀로나가 축구 경기를 하는 날은 한 바탕 전쟁이라도 치르는 느낌을 줄 정도다. 양쪽 모두 유럽 챔피온스 리그나 유럽축구연맹UEFA컵에서 상대팀이 다른 나라 프로팀과 시합을 하면 다른 나라 팀을 응원한다고 하니 그 적대감을 짐작할 수 있다.

한편, 스코틀랜드와 웨일즈가 영국으로부터 독립 움직임을 보이고 있다. 스코틀랜드의 경우 독립을 결정하는 국민투표가 2014년에 실시할 예정이어서, 독립은 이미 가시화된 상태다. 간혹 영국을 'England'로 혼동하는 사람들이 있는데, 참고로 공식적인 '영국'이란 잉글랜드를 주축으로 한 스코틀랜드, 웨일즈, 북아일랜드를 포함하는 'United Kingdom'을 말한다.

이렇게 볼 때 한 나라 안에서도 복닥거리며 지역감정을 보이는데, 언어와 문화가 다른 여러 유럽 국가가 어떻게 통합을 한다는 건지 이해하기 어려울 때가 있다. 그래서 내부적으로는 차별화에 따른 분리 disintegration 성향을 보이면서, 동시에 외부적으로는 통합 integration 을 지향하는 유럽인들을 관찰하는 것은 매우 흥미로운 일이다.

Tip 　　　　　　　　**유럽 국가란?**

유럽에 속한 국가들 과연 어느 나라를 말하는 건지 애매할 때가 있다. 유럽연합(EU)의 회원국 수는 27개국이고, 이들 국가들은 유럽 국가로 분류되는 데 문제가 없다. EU 회원국은 아니지만, 서유럽에 속한 스위스와 노르웨이도 지리적으로 유럽에 속하는 국가들이다.

　지리적으로 아시아 대륙에 속하는 터키는 유럽축구연맹(UEFA)에도 속하고, 유로비전 송 콘테스트(Eurovision Song Contest)에도 참가한다. 터키의 이스탄불(구 콘스탄티노플)은 보스포로스 해협(Bosphorus Strait)이 아시아와 유럽을 나누는 경계선이므로 보스포로스 해협 서쪽은 지리적으로 유럽에 속한다. 그런데 지리적으로 아시아에 있는 이스라엘과 러시아도 유로비전에 참가하는 걸 보면 '유럽'을 지리적으로 구분하기가 더욱 애매해진다.

　유럽 대륙에 대한 객관적인 기준은 지리적인 것이다. 지리적 문제가 상충됨 없이 유럽 대륙에 속하는 나라 수는, 바티칸, 안도라 같은 소국을 포함해 43개국이다. 그런데 지리적으로 조금이라도 유럽 대륙에 영토가 포함되는 5개국-러시아, 카차흐스탄, 아제르바이잔, 그루지아, 터키-을 포함하면 48개국이 된다.

| Tip | **유럽 5개국 경찰의 대응 비교** |

자국민과 이민자들 사이에 패싸움이 벌어졌을 때, 아래 유럽 5개 국가별 경찰의 대응하는 자세와 그런 대응이 나오는 배경을 설명해 본다.

- **영국 경찰**: 늦게 출동해서 싸움이 다 끝났다. 혹시 끝나지 않았어도 끝난 것으로 간주하고 돌아간다.

2011년 런던을 위시한 영국 주요 도시에서 일어난 이민자들의 폭동은 해외 토픽이 되었다. 어떻게 신사의 나라 영국에서 이런 일이 발생할 수 있었는지에 대해서 영국에 대해서 좋은 이미지가 있는 사람들을 놀라게 했다. 사실 영국은 로마의 통치를 받았고, 현재 영국사람들은 토착민인 켈트족을 몰아 낸 다른 유럽에서 온 민족들로 구성되었다 보니, 향토애가 없는 사람들이 통치하는 '절충적' 통치 기법을 터득했다.

영국의 식민지 통치는 로마 전통을 많이 따라 자율을 존중하는 관대한 것이었다. 그리고 그것이 식민통치의 성공 비결이었다. 영국이 1947년 인도 식민지 통치를 끝내고 떠날 때와 1997년 홍콩을 중화인민공화국에게 반환할 때, 현지인들은 작별의 아쉬움에 눈시울을 적셨다는 에피소드는 일본의 가혹한 한반도 식민통치와 비교되는 대목이다.

이러한 영국의 느슨한 식민지 통치 전통은 영국 내에 외국인 이민자들의 문제에 대해서 같은 경향을 보인다. 불법이민자에 대해서도 특별한 추방조치를 취하지 않는 나라가 영국이기에 불법이민자들의 목적지가 되었다.

1215년 마그나카르타(대헌장) 이후로 영국 왕실이 느슨하게 통치했기에 지금까지 버텨온 것과 비슷한 모습이다. 반면, 프랑스는 절대왕정으로 시민혁명에 의해서 종지부를 찍고 말았다.

• **프랑스 경찰**: 이민자들만 사정없이 체포하고, 이 과정에서 이민자들에게 곤봉을 휘두르기도 한다.

프랑스인들은 식민통치 기법을 영국과 마찬가지로 로마에서 전수받았지만, 1789년 프랑스 대혁명 이후 상업자본가로 불리는 '부르주아지'가 특권층 행세를 해 온 나라이다. 왕실의 절대 권위에 도전해서 왕권을 무너트렸지만, 정작 부르주아지의 특권의식은 이민자들을 배타적으로 보게 만들었다. 아프리카 옛 식민지 사람들을 포용하는 듯하지만, 식민지 주체로서 프랑스인들만의 우월의식이 저변에 깔려 있다. 왕을 몰아낸 시민 혁명의 전통으로 프랑스의 파업과 데모는 유달리 과격하다. 경찰의 진압도 마찬가지다. 특히, 이민자들을 상대할 때는 적대적 모습마저 띤다.

• **독일 경찰**: 일사불란하게 출동한 경찰의 공권력 앞에 이민자들은 싸움을 멈추고, 검거를 두려워해 도망친다.

독일은 영국과 프랑스에 비해서 식민통치 경험이 거의 전무하다 보니, 이민자들에 대해서 법의 원칙만을 적용한다. 정작 자신들의 범법 행위는 철저하게 법을 적용하기를 주저하지만, 외국인들의 범법행위는 가차없이 처벌해야 직성이 풀리는 경향이 있다. '아리안의 우수성'이라는 민족적 단합도 한 몫하고 있다. 2차 대전에 참전한 군인수가 무려 300만 명이었다. 지금 독일인 가운데 할아버지가 참전 안 했던 사람이 거의 없는 것이다. 비록 패전했지만, 많은 독일인들의 피 속에는 민족적 우월의식이 여전히 흐르고 있다.

- **이탈리아 경찰**: 이민자와 자국민을 가리지 못하는 이탈리아 경찰은 일단 다 잡아들이고 본다.

이탈리아는 독일에 비해서 정부기구의 조직력이 떨어진다. 2차 대전에서 독일 편에서 싸웠지만 독일군만큼 승승장구하지 못했다. 더군다나 이탈리아 내에서 로마 북쪽과 남쪽에 대한 지방색이 강해서 독일처럼 나치의 기치아래 단결된 모습을 보이지 못했다. 그래서 정부 조직도 허술한 면이 있다. 이탈리아의 뿌리 깊은 범죄 조직 '마피아'가 여전히 활동하는 이유도 정부의 통제가 약하기 때문이다. 여기서 경찰도 예외가 아닌 것이다. 다른 유럽국가에 비해서 부패한 경찰은 검거한 사람들로부터 금전적 보상을 기대하기도 하기에 이탈리아 경찰은 이런 대응이 나온다.

- **스웨덴 경찰**: 자국민만 체포한 후 곧 훈방한다.

스웨덴은 바이킹 전통이 있는 나라로 평등의식이 다른 유럽국가와는 남다르다. 따라서 스웨덴 사람들은 외국 이민자들 조차 평등하게 대해야 한다는 의식이 있다. 스웨덴 공공기관에서 가장 두려워하는 말은 '차별'이다. 그래서 이민자들을 차별했다는 증거가 나오면 스웨덴 정부는 곤경에 처하게 된다. 스웨덴 경찰의 이러한 대응은 중부 도시인 에스킬스투나(Eskilstuna)에서 이민자와 자국 스웨덴 현지인 간의 패싸움에서 실제로 벌어진 일이었다. 여론을 의식한 스웨덴 경찰의 궁여지책은 자국민을 체포하는 것이다. 한편, 이런 관대함에 대해서 스웨덴내 우익들은 'svenska dumheter(스웨덴의 멍청함)'이라고 조롱한다. 하지만 이런 대응은 외부적으로는 인종차별이라는 비난을 피하고, 내부적으로는 자국민 보호에 주력했다는 평가를 받는다.

THE EUROPEAN PANDORA

제2장

유럽인의 창의성

독일/프랑스/영국/이탈리아/스웨덴

리프킨은 휴대폰이 유럽에서 먼저 성공적으로 사용된 사실에 대해서 다음과 같은 시사점을 찾고 있다.

이동통신 기술을 가장 먼저 적극적으로 수용한 사람들은 유럽인들이었다. 즉 무선혁명이 대규모로 가장 먼저 일어난 곳이 유럽이라는 사실이다. 휴대폰은 지리적인 제한에서 벗어나 공간적으로 자유롭게 다닐 수 있으면서도 시간적으로는 다른 사람과 연결될 수 있게 해 준다. 바로 여기서 공간과 시간에 대한 유럽인들과 미국인들의 기본적인 인식 차이가 드러난다. 미국인들은 독점적인 공간을 갈망한다. 미국인들이 프라이버시를 중시하는 것도 바로 그 때문이다. 유럽인들은 포괄적인 공간을 추구한다. 가족, 친척, 종족 등으로 구성된 넓은 공동체의 일원이 되려는 것이다. 또 미국인들에게는 시간이 미래 지향적이며 새 기회를 탐구하는 도구로 간주된다. 반면 유럽인들에게는 시간이 과거 및 현재 지향적이며 서로 간의 관계를 재확인하고 돈독히 하는 데 사용된다.-《유러피언 드림》121 쪽

리프킨의 이 같은 분석은 어떤 특정 상품의 발명과 사용은 거기에 따른 문화적 배경이 있다는 사실을 뒷받침해 준다. 즉 창의성은 문화와 전통과 직접적인 연관성이 있다. 이와 같은 사실은 유럽 주요 국가들이 잘하는 산업을 보면 여실히 증명된다. 독자적인 창의성을 통한 신상품 개발 능력이 중요한 시대에 독일, 프랑스, 영국, 이탈리아, 스웨덴의 사례는 시사하는 바가 있다. 왜냐하면 이들 5개국 모두 자동차와 항공 산업에서 선진 기술 보유국이기 때문이다.[1]

독일의 논리적 창의성

독일어의 발달은 괴테와 쉴러 같은 걸출한 문인들의 등장으로 더욱 발전했고, 칸트, 헤겔, 쇼펜하우어, 니체 같은 철학자들 덕분에 더욱 체계화된다. 왼쪽 뇌가 언어를 포함한 논리적 기능을 주로 담당하는데, 음악도 체계성 면에서 언어처럼 논리성을 요구한다. 이런 이유에서 우리가 알고 있는 베토벤, 하이든, 바흐, 슈만, 멘델스존, 슈베르트 같은 유명 작곡가들이 독일 사람들이라는 사실은 우연이 아닌 것으로 여겨진다.

---

[1] 조명진, '문화와 전통으로 살펴보는 유럽인들의 창의성', 사이언스 타임즈(Science Times), 2009.07.06.

정해진 음계와 조라는 규칙 안에서 다양한 베리에이션을 동원한 작곡은 바로 논리적 창의성을 요구한다. 세계 최초의 가솔린 엔진을 발명한 것이 독일의 벤츠 사인 것과 유럽 최대의 자동차 회사가 폭스바겐이라는 사실을 보면 논리적 창의성이 과학기술과도 관계가 있음을 알 수 있다.

독일적 창의성은 혼자 만들어 내기 보다는 여러 명이 함께 참여하는 팀워크의 산물인 것도 흥미롭다. 예를 들어, 괴테, 실러, 베토벤, 하이든 등 동시대 작가와 음악가들이 함께 감성적이고 지적인 교류를 통해서 '시너지 효과'를 발휘했다. 이런 점에서 클래식 음악에서 세계적인 솔리스트는 많지 않지만, 세계적인 오케스트라는 독일 수도인 베를린에만 4개나 된다는 점은 놀라운 일이 아니다.

프랑스의 시각적 창의성

클래식 음악이 강한 나라가 독일인데 반해, 유독 미술이 번성한 나라는 프랑스다. 프랑스는 앵그르, 고갱, 밀레, 마네, 르느와르, 모네, 드가, 마티스, 샤갈, 세잔느, 푸생 등 많은 유명 화가들을 배출했다. 이런 점에서 독일이 청각적이라면, 프랑스는 다분히 시각적이다. 즉, 프랑스 사람들은 영상 이미지를 담당하는 오른쪽 뇌가 발달한 것이다.

더불어 훌륭한 화가들의 나라 프랑스에 로레알, 피에르 파브르, 이브 로쉐 등 세계 유명 화장품 회사가 있는 것은 우연이 아닌 듯하다. 특히 로레알은 랑콤과 비쉬같은 브랜드를 지닌 세계 1위의 화장품 회사다. 미술과 화장이 시각적 아름다움을 추구한다는 점에서 상관관계가 있다. 또한, 프랑스 액세서리와 의상의 시각적 국제 경쟁력은 크리스챤 디오르, 입셍 로랑, 지방시, 샤넬, 까르띠에, 루이비통 등의 이름만 들어도 짐작이 간다.

영국의 대중적 창의성

영국은 정통 클래식 음악의 토대가 독일, 프랑스, 오스트리아, 이탈리아 같은 나라에 비하면 약하지만 대중음악에서 만큼은 강세를 보인다. '지저스 크라이스트 슈퍼스타 Jesus Christ Superstar', '에비타 Evita', '오페라의 유령 Phantom of the Opera', '캐츠 Cats' 등 흥행 뮤지컬의 대명사인 앤드류 로이드 웨버가 영국 작곡가다. 그리고 비틀즈, 퀸, 롤링 스톤즈, 비지스, ELO, 스모키, 앨런 파슨스 프로젝트 등 유명 보컬그룹들이 영국 출신이다. 이처럼 영국의 팝뮤직은 전 세계적으로 대중성을 띠며 각광을 받고 있다.

세계적으로 흥행에 성공한 영화들도 그 원작이 영국작가에 의해서 쓰인 소설이 많다. 바로 '반지의 제왕'과 '해리 포터' 같은 영화가 그렇다. 그래서 "할리우드는 자금을 대고, 아이디어는 영국에서 나온다."는 말이 있을 정도이다. 이러한 전통은 섹스피어로부터 전수되어 내려 온 흥행성과, 데카르트 같은 경험주의적 사상에 의해서 대중들이 접근하기 쉽도록 만든 토양에서 자라났다고 본다.

이탈리아의 고차원적 창의성

레오나르도 다빈치, 미켈란젤로, 라파엘로 등 이탈리아의 르네상스 시대 거장들의 작품을 접하면 탁월함을 넘어 인류 최고의 예술가들이라는 사실을 인정할 수밖에 없다. 이러한 예술가들의 재정적 후원자는 당시 유럽 최고의 대부호 가문인 메디치가家였다. 메디치가는 '꽃의 도시' 피렌체의 번성을 이루어낸 정계와 재계의 최고 실력자 집안이었다.

이탈리아의 창의성은 형식에 구애 받지 않고 표현된다. 무에서 유를 창조하는 듯 최고의 예술을 추구한다. 그저 상류층이 아닌, 메디치 같은 최상층의 극소수를 만족시킬 수 있는 작품들이 나오게 된 역사적 배경이 이탈리아에서는 느껴진다. 타의 추종을 불허하는 천재들의 완성미 넘치는 감각이 최선을 다해 최고를 추구하는 장인 정신과 더불어 예술품과 건축에서 분출되다가, 이제 상품에 이어져 표현되고 있는 것이다.

영국의 가구가 고풍스럽다면, 이탈리아 고급 가구는 호화롭기 그지없다. 전 세계 왕실에서 가장 애용하는 대표적인 침구 브랜드인 프레테도 이탈리아에서 만든다. 또 아우디, BMW 그리고 스포츠카의 대명사인 포르쉐가 독일에서 제작되지만, 최고급 스포츠카인 페라리와 람브르기니는 이탈리아에서 만든다.

이러한 전통은 비단 최고의 스포츠카만 제작하는 것이 아니라 세계 최고가 수공예품으로 인정받는 크레모나[2] 지역에서 만든 바이올린인

---

[2] 크레모나(Cremona)는 밀라노 남쪽 골짜기에 위치한 작은 도시로 16세기에서 18세기 3대 유명 바이올린 메이커인 아마티, 과르네리, 스트라디바리를 제작한 곳이다. 크레모나에 스트라디바리 서거 200주년을 기념해서 1937년에 세워진 바이올린제작 전문학교 'Scuola Internationale di Liuteria A'에서 최고 명기의 제작지라는 과거의 명성을 되찾는 노력을 하고 있다. Violin-making: Older and richer, The Economist, 2009.12.07.

아마티, 과르네리 그리고 스트라디바리 같은 명기의 제작에서도 나타난다. 일반 대중은 감히 상상도 못할 수준의 예술성은 천년 로마제국의 유구한 역사의 터전 위에 르네상스의 꽃으로 피어 전수되었다. 이런 측면에서 이탈리아인들의 창의성은 고차원적이라고 할 수 있다.

스웨덴의 인간중심적 창의성

성냥은 영국인 존 워커에 의해서 발명되었지만, 유독성이 없는 안전성냥safety match을 최초로 발명한 사람은 스웨덴의 구스타프 파쉬다. 가솔린 엔진 자동차는 독일의 벤츠사가 처음 만들었지만, 자동차에 안전벨트safety belt를 최초로 장착한 회사는 스웨덴의 볼보Volvo다. 스웨덴은 1810년 나폴레옹 전쟁 이후 거의 200년 간 전쟁에 말려든 적이 없는 나라이며, 1차, 2차 세계대전에도 개입하지 않은 나라다. 인명 존중의 문화·사회적 배경에서 안전성에 우선을 둔 제품이 나오는 것임을 알 수 있다. 다이너마이트를 발명한 노벨도 평화적 목적으로 다이너마이트가 활용되기를 희망하여 재산을 헌납해 노벨상을 제정했다.

컨버터블 차일명 오픈카로 유명한 사브SAAB는 본래 전투기 제작을 먼저 시작한 회사다. 사브의 제2세대 드라켄 전투기는 세계 최초로 자동탈출조정석automatic-ejection seat을 설치해 유사시 조종사의 생존율을 높였다. 뿐만 아니라, 사브에서 제작하는 제4세대 그리펜 전투기의 운영 인원은 5명으로, 미국 F-16 전투기 11명에 비해서 인력 효율성을 더 높이고, 전투시 전투기가 격추될 경우 인명 손실을 줄였다.

스웨덴은 또한 인간의 편리를 생각한 제도를 많이 창안한 나라다. 그 중에 하나가 은행이나 관공서에서 줄을 서서 기다리는 불편을 없앤 "번호표제도"이다. 스웨덴에서 처음으로 시행된 번호표제도는 창구 앞에 줄을 서서 순서가 올 때까지 기다릴 필요가 없고, 자신의 번호가 뜨면 해당 창구로 가면 되는 편리한 제도다.

유럽 5개국의 창의성을 살펴보았는데 진정한 유럽 연합EU의 경쟁력은 27개 회원국들의 다양한 창의성을 얼마나 잘 통합하느냐에 따라 결정된다. 독일과 프랑스가 주축을 이룬 에어버스가 초대형 여객기A-380 사업에서 미국의 보잉을 앞지른 이유가 바로 다양한 창의성의 통합과 기술 혁신에 기인한다고 생각한다. 게다가 한때는 세계 최대의 자동차 산업을 자랑했던 미국이 유럽의 자동차 산업에 뒤처지게 된 이유는 미국은 잠재소비자 수에 맞추어 대량생산 체제를 유지해 온 것에 반해, 유럽은 시장 환경과 소비자의 취향에 맞추어 다양한 모델을 제작해 왔기 때문이다.

결론적으로, 경쟁력 측면에서 유럽의 '드림 팀Dream Team'이란 다음과 같은 팀워크가 아닐까 생각한다. 스웨덴 사람이 제품 구상을 하고, 이탈리아 사람이 디자인을 맡아, 독일 사람이 제작하고, 프랑스 사람이 포장해서, 영국인이 마케팅을 맡으면 서로의 장점을 살려 최고의 시너지 효과를 발휘할 것이다.

서구 중심적 노벨상 Nobel Prize
해마다 12월 10일은 세계의 이목이 스웨덴의 스톡홀름과 노르웨이 오

슬로에 집중된다. 세계에서 최고 권위 있는 상인 노벨상 시상식이 열리는 날이기 때문이다. 2011년 노벨상 시상식장에 참석한 수상자는 총 13명이었다. 노벨상 수상자에게는 수상 증서와 금메달 그리고 상금 1천 만 크루나약 17억 원가 주어졌다. 올해의 노벨평화상 공동 수상자 세 명을 제외한 나머지 다섯 개 부문의 수상자가 모두 서구 출신이라는 점에서 노벨상은 다분히 서구 중심적이라는 사실을 확인할 수 있다.[3]

노벨상은 스웨덴의 화학자 알프레드 노벨1833~1896의 유산을 기금으로 하여 1901년에 제정되었다. 해마다 물리학, 화학, 생리의학, 경제학, 문학, 평화 여섯 개 부문에서 인류 문명의 발달에 공헌한 사람이나 단체를 선정해 수여한다. 노벨상 6개 부문 중에 노벨 평화상만 노르웨이 오슬로에서 수여되며, 나머지 상은 스웨덴의 스톡홀름에서 수여된다. 경제학상은 1968년부터 스웨덴은행에 의해 제정되었다. 경제학상을 제외하고 1차 대전과 2차 대전시를 포함해서 부문별로 시상이 이루어지지 않는 것은 50회나 된다.

노벨 평화상을 노르웨이에서 시상하게 된 이유는 당시 노르웨이는 스웨덴에 합병된 상태였고, 1905년 분리 독립하게 되었다. 즉, 1901년

---

[3] 조명진, 111년 역사의 노벨상, 아직도 '서구 잔치', 시사저널 [1157호], 2011.12.21.

노르웨이는 스웨덴왕 오스카 2세를 국가 원수로 여겼던 시절에 노벨평화상을 시상했된 것이다. 따라서 스웨덴이 노르웨이와 양국우호 관계를 증진하기 위해서 노벨평화상 시상식을 처음부터 오슬로에서 개최하도록했다는 보도는 틀린 것이다. 그리고 노르웨이가 독립된 이후에도 평화상을 오슬로에서 계속 시상하도록 한 것은 스웨덴의 관대함이다.

노벨상 수상자들의 면모에서 알 수 있듯이 노벨상은 서구 세계의 잔치처럼 여겨져왔다. 특히, 문학상의 경우 유럽 편중이 심한 것이 사실이다. 노벨의 유언에 따르면 문학상 선정의 기준을 이상주의에 두었다. 따라서 20세기 초반 스웨덴 한림원이 노벨의 유언을 엄격하게 적용하다 보니 당대에 유명했던 조이스, 톨스토이, 체홉, 입센, 에밀 졸라 그리고 마크 트웨인 같은 작가는 노벨상을 받지 못했다. 그러나 최근 들어 노벨 문학상의 심사 기준인 이상주의를 넓은 의미로 인권에까지 확대함으로써 정치색을 띠기도 한다.

1901년 이후 2012년까지 노벨문학상을 수상한 1백 4명을 보면 1913년 인도의 타고르, 1968년 일본의 야스나리, 1988년 이집트의 마후즈, 1994년 일본의 오에 겐자부로, 2006년 터키의 오르한 파묵을 제외하고 모두 서양 언어로 된 작품에 주어졌다. 아무리 홈그라운드의 이점이라고 하지만 스칸디나비아어 스웨덴어, 노르웨이어, 덴마크어, 아이슬랜드어로 쓴 작가에게 무려 13회나 문학상이 돌아갔다. 2009년 노벨문학상을 수상한 독일의 헤르타 뮐러에 대해서 미국의 문학평론가들은 이름조차 들어본 적이 없다며, 노벨문학상이 유럽 중심적 Euro-centric 이라고 비판하기도 했다. 하지만 올해 노벨문학상은 시상국인 스웨덴 시인 토마스 트란스트뢰머에게 돌아갔는데도, 그의 작품은 60개 국어로 번역되었고, 2차 대전 이후 스칸디나비아에서 가장 주목받는 작가이기에 별다른 시비는 없었다.

문학상과 더불어 논란의 소지가 많은 것이 평화상이다. 1973년 베트남 전쟁의 휴전을 이끌어낸 공로로 헨리 키신저에게 평화상을 주기로 결정한 것이 대표적인 사례였다. 키신저는 베트남 전쟁 당시 월맹에 대한 무자비한 융단 폭격과 고엽제 투하를 결정한 미국 행정부의 핵심 인물이었다. 그리고 2009년 대통령에 당선되자마자 오바마에게 평화상을 준 것 또한 대통령 임기 초반으로 공과를 평가하기에 시기상조라는 점에서 문제가 된 바 있다.

노벨상 선정 기준에서 중시되는 것은 독창성 originality 이다. 인류에 큰 기여를 한 연구나 발명이 있을 경우 그 아이디어를 처음 만든 사람에게 상을 주고, 살아 있는 사람에게만 수여한다. 그래서 아무리 위대한 업적을 남겼어도 사후에는 수여하지 않는다. 2011년까지 수여된 노벨상은 총 8백 53개 단체에 주어진 23개 노벨상포함 인데, 이 가운데 여성은 40명에 불과하다.

최연소 수상자로는 1915년 물리학상을 아버지와 공동 수상한 영국의 로렌스 브래그로 당시 나이 25세였다. 노벨상 최고령 수상자는 2007년 경제학상을 받은 90세의 폴란드인 레오니드 후르비츠였다. 노벨상 수상을 거부한 두 사람은 1964년 문학상에 지명된 프랑스의 사르트르와 1973년 키신저와 함께 평화상에 지명된 베트남의 리덕토 총리이다. 노벨상에 지명될 당시 체포 또는 구금 상태여서 시상식에 참석하지 못한 세 명은 모두 평화상 수상자로서 1935년 독일의 카알 폰 오시예츠키, 1991년 미얀마의 아웅산 수키, 그리고 2010년 중국의 리우샤보가 그들이다.

노벨상을 두 차례나 수상한 사람은 네 명이다. 미국의 존 바덴은 물리학상을 1952년과 1972년에 받았고, 프랑스의 퀴리 부인은 1903년에 물리학상을 남편과 공동 수상했으며, 이어 1911년에는 화학상을 받았다. 미국의 리누스 폴링은 1954년은 화학상을, 1962년에는 평화상을 수상했다. 영국의 프레드릭 생어는 화학상을 1958년과 1980년 두 번에 걸쳐 받았다. 퀴리 부인의 딸 이리네는 1935년 자신의 남편과 함께 물리학상을 수상해 '노벨상 가족'으로 불린다. 부부가 노벨상을 수상한 또 다른 경우는 스웨덴의 군나르 뮤르달이 1974년 경제학상을, 그리고 그의 부인 알바 뮤르달이 1980년 평화상을 받은 것이다.

지금까지 수여된 8백 53개 노벨상의 절반 이상인 4백 55개가 유럽연합EU 회원 국가에게 주어졌다. EU 국가별 노벨상 수상자 수는 다음과 같다. 오스트리아 19, 벨기에 10, 불가리아 1, 체코 5, 사이프러스 1, 덴마크 14, 핀란드 4, 프랑스 58, 독일 102, 그리스 2, 헝가리 11, 아이슬란드 1, 아일랜드 6, 이탈리아 20, 라트비아 1, 리투아니아 2, 룩셈부르크 2, 네덜란드 19, 폴란드 12, 포르투갈 4, 루마니아 3, 슬로바키아 1, 스페인 8, 스웨덴 29, 영국 120.

EU 회원국은 아니지만 노르웨이와 스위스가 각각 12개와 26개의 노벨상을 수상했다. 노벨상 최다 수상 국가는 미국으로 3백 33개를 받았다. 하지만 EU와 미국을 비교했을 때 4백 55 대 3백 33으로 EU가 월등하게 우세하다.

한편, 지금까지 동아시아에서 받은 노벨상 개수는 총 32개로 프랑스 한 나라가 받은 58개에도 훨씬 못 미친다. 이처럼 격차가 나는 이유는 서양 교육이 창의성에 맞추어져 있다는 점을 인정해야 하기도 하지만, 노벨상이 서양인의 상으로 시작되었다는 점을 감안해야 한다. 특히, 문학상 부문은 심사 언어가 서양 언어이기 때문에 동아시아 작가들에게는 불리할 수밖에 없다. 동 아시아에서 그동안 받은 노벨상의 부문별 수상 내역은 다음과 같다.

일본 19명 물리학 7개, 화학 8개, 문학 2개, 의학 1개, 평화 1개

중국 11명 물리학 6개, 화학 1개, 의학 1개, 문학 1개, 평화 2개

대만 1명 1985년 화학상

한국 1명 2000년 평화상

노벨 평화상 시상식의 주관은 노르웨이 노벨위원회가 하고, 주빈은 노르웨이 하랄드 5세 국왕과 왕실 가족과 함께 노르웨이 국회에서 맡는다. 나머지 5개 부문의 노벨상은 스톡홀름 콘서트 하우스에서 시상식이 끝난 후, 노벨상 수상자를 위한 저녁 연회는 스톡홀름 시청에서 열린다. 노벨상 만찬연회장에서 구스타프 국왕과 실비아 왕비 그리고 왕위를 물려받을 빅토리아 공주가 수상자들 옆에 앉아서 대화를 나누며 주빈 역할을 한다. 노벨상 만찬연회의 입장료는 2,000크루나 약 33만 원이다. 왕족이고 유명 정치인이라도 스웨덴 한림원의 초청을 받아야

하고, 돈이 많아도 학계·문화계에 기여한 바가 없으면 티켓을 구할 수가 없다. 스톡홀름시가 '강연회, 음악회, 노벨 박물관 방문, 만찬 참석권 판매 등을 패키지로 12월 노벨 시즌을 관광 상품화하자'고 제안이 있었지만 스웨덴 한림원은 거절했다고 전해진다. 이는 노벨상을 상업주의와 타협하지 않겠다는 전통을 확인한 것이다. 특이한 점은 노벨 수상자들이 머무는 호텔은 스웨덴의 전통 명문인 발렌베리 가문의 소유인 그랜드 호텔이다.

실제로 노벨상 덕분에 스웨덴의 과학 수준은 인구 1천 만 명 이하 국가 가운데 가장 높은 수준을 유지하고 있다. 노벨상을 심사하는 수준이 곧 스웨덴의 과학기술 수준을 말해주는 것이다. 그 한 예가 노벨의학상을 심사하는 곳으로, 세계 최고의 의술을 자랑하는 스톡홀름의 카롤린스카 병원이다. 그동안 스웨덴의 노벨상 수상자 수는 29명으로서 러시아의 27명보다 많다.

이러한 탄탄한 기초과학의 토대 위에서 스웨덴 산업은 국제 경쟁력을 가질 수 있었다. 스웨덴은 잠수함부터 전투기까지 직접 제작하는 선진 방산 기술 수준을 보유하고 있다. 북유럽 최대 방산업체 사브SAAB, 세계적인 제약회사 아스트라 제니카AstraZeneca, 엔지니어링 선두 주자 ABB, 유럽 가전제품의 대명사 일렉트로룩스Electrolux 등 다국적 기업들도 성공적이고 창의적으로 사업을 하고 있다. 이런 바탕에는 노벨상의 힘이 근간이 되었다고 할 수 있다.

노벨상이 서구 중심적이라는 사실은 '기득권'을 인정해야 되기 때문에 왈가왈부한다는 자체가 질시의 발로이다. 그저 부러운 것은 알프레드 노벨처럼 선견지명 있는 발명가를 둔 스웨덴이다. 나눔의 미덕을 일찌감치 실천한 한 과학자 덕분에 기초과학을 중시하는 나라가 되어 국내 산업 발달에 기여함은 물론 이웃 나라 노르웨이와 함께 국제적 위상까지 높일 수 있으니 말이다.

유로비전 송 콘테스트 Eurovision Song Contest

2차 세계 대전이 끝나고 유럽이 안정을 찾아 가면서, 유럽 각국의 방송국 연합체인 유럽방송연맹European Broadcasting Union: EBU[4]을 1950년 스위스 로잔에 창단하게 된다. 유로비전 송 콘테스트이하 유로비전는 1956년부터 EBU가 주관해 온 연례 유럽 창작 가요경연대회로서, 1951년에 시작된 이탈리아 국내 가요제인 산레모 음악 축제Sanremo Music Festival[5] 행사에서 아이디어를 얻어 시작하게 되었다.

2005년에 50회를 넘긴 유로비전은 세계의 최장수 TV 프로그램일뿐만 아니라 비 스포츠 프로그램 중 6억 명에 이르는 최다 시청자를 확보하고 있다. 유로비전은 매년 5월에 전년도 우승국에서 개최하는 전통

---

[4] http://www.ebu.ch/en/about/index.php
EBU 7개 창단 국가 중에 스위스를 제외한 6개국이 유럽통합의 모체가 된 1957년 유럽경제공동체 (EEC)의 창단 회원국인 독일, 프랑스, 이탈리아, 그리고 베네룩스 3국(벨기에, 룩셈부르크, 네덜란드)이다. 현재 스위스 제네바에 본부를 둔 EBU 정회원국은 56개국으로, 6개국으로 출발한 유럽통합이 지금 27개 유럽연합(EU)국으로 증가한 것과 같은 발전을 해왔다.

[5] 산레모 가요제는 1956년에서 1966년 사이와 1972년에서 1997년 사이에 유로비전 송 콘테스트에 나갈 이탈리아 대표를 뽑는 행사이기도 했다. 이 가요제 출신의 유명 가수로 질리올라 친꿰띠(Gigliola Cinquetti), 안드레아 보첼리(Andrea Bocelli), 지오르지아 미에타(Giorgia, Mietta), 라우라 파우시니(Laura Pausini), 에로스 라마조티(Eros Ramazzotti) 등이 있다.

을 이어가고 있는데, 유로비전의 규정에 따르면 참가곡의 길이는 3분 이내, 참가 연령 제한은 16세, 무대에 설 수 있는 최대 아티스트 수는 6명, 그리고 국적은 반드시 출전국의 국민일 필요는 없다.[6]

그랑프리에 얽힌 이야기

유로비전이 배출한 최고의 스타들로는 1974년과 1988년 우승한 스웨덴의 아바와 캐나다 국적이지만 스위스 대표로 참가한 셀린 디옹을 들 수 있다. 1964년 논노레타 Non ho l'eta 로 이탈리아에게 첫 우승을 안겨준 질리올라 친퀘띠 Gigliola Cinquetti 는 16세 소녀였는데, 10년 뒤인 1974년 유로비전에도 '씨 Si' 라는 제목의 노래로 다시 출전했지만, 아바의 워털루에 압도당하고 말았다.

유로비전 우승곡 중에 우리에도 잘 알려진 노래는 1976년 영국 브라더후드 오브 맨 Brotherhood of Man 이 부른 'Save Your Kisses for Me'와 1981년 영국 벅스 피즈 Bucks Fizz 의 'Making Your Mind Up' 이다. 그런데, 클리프 리차드의 1968년 'Congratulations'은 2등을 한 곡이지만 우승곡 이상으로 히트를 한 곡이다. 1982년 유로비전에서 독일 니콜 Nicole 은 아인 비센 프리덴 Ein Bissen Frieden, 그리고 1995년에는 노르웨이의 시크릿 가든 Secret Garden 은 녹턴 Nocturne 으로 그랑쁘리를 차지하며 국제적 스타덤에 오르게 되었다.

지금까지 최다 우승국은 7회 우승한 아일랜드인데, 1993년, 1994년,

---

[6] 조명진, '제2의 아바' 탄생할까, 시사저널 [1075호], 2010.05.26.

그리고 1995년 3년 연속 우승하는 기록도 갖고 있다. 더불어 아일랜드의 조니 로간Johnny Logan은 1980년 유로비전에서 'What is Another Year'와 7년 뒤인 1987년 'Hold Me Now'로 두 번이나 유로비전에서 우승한 기록을 남겼다. 게다가 조니 로간은 1992년 아일랜드가 우승한 곡 'Why Me'을 작곡했기 때문에 3번 그랑프리를 차지한 아티스트로 기억되고 있다.

유로비전을 통해 소개된 대중음악에 덧붙여, 영화 주제가 대부분이 유럽 작곡가에 의해서 써졌다는 점도 주목할 만하다. 폴 모리아Paul Mauriat, 제임스 라스트James Last, 엔니오 모리꼬네Ennio Morirrone, 만토바니Mantovani, 프랑크 푸셀Frack Pourcel, 야니Yanni 에르네스토 코르타사르Ernesto Cortazar, 지오바니 마라디Giovanni Marradi 그리고 반젤리스Vangelis 등은 그 이름만 들어도 명성이 짐작되는 주옥 같은 영상미를 더욱 빛나게 해 준 유럽 작곡가들이다.

Tip 세라믹과 만년필을 통해 본 유럽의 경쟁력

　유명 상품(명품)하면 떠 오르는 것이 유럽 브랜드다. 한국을 포함한 동아시아 사람들이 찾는 명품이 미국 제품이 아니라 유럽 제품이라는 것은 새삼스러운 일은 아니다. 예를 들면, 한국인들도 잘 아는 크리스챤 디오르, 구찌, 버버리, 입생로랑, 살바토레 페라가모, 루이비통, 발리, 프라다, 베르샤체, 아르마니, 까르띠에, 에르메스 등 유명의류와 액세서리 제품 그리고, 샤넬, 랑콤 같은 화장품, 쇼메, 로렉스, 오메가 등의 광학제품이 모두 유럽제품이다.

　고품격의 개성을 추구하는 고객의 취향을 맞추는 데는 전통이 요구되고 그것이 유명 제품이 높은 인지도를 갖게 된 배경이다. 그 전통은 바로 유럽 왕실과 귀족들의 취향에서 비롯된다는 사실이다. 한 가지 예를 들자면, 왕실과 귀족이 주최하는 파티는 먼저 근사한 파티홀이 필요하다. 그 홀을 꾸미는데는 고급 샹들리에와 커튼, 벽지, 카페트, 식탁, 의자 등의 인테리어 재료와 가구가 있어야 한다. 또한 품격있는 훌륭한 식사 대접을 위해서는 접시와 같은 식기류도 물론 고급이어야 한다. 즉 왕실과 귀족 문화가 유럽의 유명제품을 탄생시킨 실수요자 역할을 해 온 사실을 알 수 있다.

　실례로 유럽의 세라믹 회사를 보자. 1708년에 창업한 독일의 마이센(Meissen)은 유럽에서 가장 오래된 식기도자기 생산 회사다. 사실 17세기까지는 유럽에서 도자기는 중국 제품을 네덜란드 동인도 회사를 통해서 수입한 진귀한 물건이었다. 마이센에 이어 1748년 독일의 빌레로이 & 보크

(Villeroy & Boch)가 창업했고, 1775년 덴마크 왕실에서 직접 관장하는 로얄 코펜하겐(Royal Copenhagen)이 문을 열었다. 영국에서 1759년에 창업한 250년 전통의 웨지우드(Wedgwood), 1783년에 창업한 로얄 우스터(Royal Worcester), 그리고 1815년에 창업한 로얄 둘톤(Royal Doulton)이 왕실에 납품하고 있는 고급 식기류 세라믹 회사들이다.

고가의 시계와 액세서리는 이미 언급한 바 있지만, 베를린을 대표하는 백화점인 '카데베(KaDeWe)'의 만년필 코너에서 가격표를 보고, 이쯤 되면 '만년필도 귀금속 이다'라는 생각이 들면서, 잠재 고객을 상상해 보았다. 보통사람들이 필기도구인 만년필에 100유로(16만 원)이상 투자한다는 것은 큰 마음 먹고 사야 되는 경우이다. 필자가 발견한 만년필 가격은 예상보다 훨씬 더 고가였다. '카데베(KaDeWe)'에서 확인한 만년필 브랜드명, 제작국가 그리고 해당 브랜드의 최고가를 소개한다.

브랜드	제작국	가격
듀퐁(S.T Dupont)	프랑스	1,195 유로 (한화 176만 원)
몽블랑(Montblanc)	독일	1,510 유로 (한화 223만 원)
워터맨(Waterman)	프랑스	1,850 유로 (한화 273만 원)
펠리칸(Pelikan)	독일	2,750 유로 (한화 406만 원)
그라프 본 화버(Graf von Faber)	독일	3,100 유로 (한화 458만 원)
파커(Parker)	영국	3,900 유로 (한화 133만 원)
던힐(Dunhill)	영국	4,395 유로 (한화 650만 원)
까랑 다쉬(Caran d'Ache)	스위스	16,800 유로 (한화 2,484만 원)

카데베 백화점 만년필 코너에는 없는 것이지만, 독일 텔레비전에서 몽블랑에서 만든 20만 유로(한화 3억 원)짜리 만년필을 소개하는 프로그램을 본 적이 있다. 만년필 하나의 가격이 포쉐(Porche 977) 같은 고급 스포츠카 3대

값인 것이다. 이와 같은 호화 만년필은 왕실과 귀족 이외에 유럽의 부호들 또한 구매력을 갖고 있어서 존재하는 것이다. 이러한 수요 공급 관계가 유럽 경쟁력의 강점인 장인 정신을 이어올 수 있게 만들었다.

    여기서 한 가지 언급하고 싶은 것은 우리나라 사람들은 유럽의 유명 브랜드만 그 가치를 높게 인정하는 경향이 있다는 것이다. 유럽 브랜드에 필적할 만한 제품을 만들려고 노력하기 보다는 기존의 유럽 브랜드만을 선호하는 집착을 떨쳐내지 못하고 있다. 우리의 경쟁력을 키우려면 실용제품에서 세계적으로 인정받는 자체 브랜드 개발에 장기적 전략과 투자가 있어야 한다.

| Tip | **유럽 관점에서 본 한국인의 창의성** |

유럽인들의 창의성을 분류한 것처럼 한국의 창의성 영역을 구분 지어 보았다. 그래서 얻게 된 결과는 한국인에게는 '편의적 창의성'과 '세부적 창의성'이 있다는 것이다.

편의적 창의성

한국처럼 시스템을 쉽게 바꿀 수 있는 나라는 별로 없는 것 같다. 정권이 바뀔 때 마다 새로운 정부는 정치, 행정, 교육 등 많은 분야의 시스템을 바꾼다. 좀더 정확히 말하자면 전임자들이 그래왔기 때문에 새 통치권자는 무엇이든지 바꿀 수 있다고 생각한다. 이승만 초대정부 수립 이후 그대로 남아 있는 정당은 없습니다. 야당 이름까지 열거하기에는 너무 많고, 여당 이름만 봐도 충분히 알 수 있다. 자유당에서부터 민주당, 공화당, 민정당, 민자당, 새천년민주당, 열린우리당, 한나라당, 새누리당이 그렇다.

흥미로운 것은 '고차원적 창의성'을 지녔다는 이탈리아 사람들도 정당의 이름을 수시로 바꾼다. 한국과 이탈리아가 지리적으로 반도국가라는 공통점이 있는데, 반도라는 지리적요인과 지정학적 환경이 편의적 태도를 만든 것이 아닐까 하는 생각을 해 본다.

편의적 창의성에는 긍정적인 측면이 있다. 기술적인 발달에 따른 시스템 교체를 통해서 효율성을 높이기 위해 과감하게 적용할 수 있는 나라가 한국이다. 그 중 한 가지 예가 인터넷을 이용한 전자 행정 시스템 덕분에 관공서를 직접 방문하지 않고도 언제, 어디서든 공문서를 발급받을 수 있다는 것인데, 이러한 시스템은 현재 유럽에서는 상상조차 할 수 없는 일이다. 소비자의 편의를 생각하여 서비스를 고객 중심에서 개선할 줄 아는 한국인은 편의적 창의성을 지닌 것이 분명하다.

'인간 중심적 창의성'을 지닌 스웨덴은 자동차 안전벨트 이외에도 편리한 제도를 많이 창안한 나라다. 그 중의 하나가 앞에서 언급하였던 은행이나 관공서에서 줄을 서서 기다리는 불편을 없앤 '번호표제도'다. 번호표제도는 창구 앞에 줄을 서서 순서가 올 때까지 기다릴 필요가 없고, 자신의 번호가 뜨면 해당 창구로 가면 되는 편리한 제도인데, 필자가 1987년 스웨덴에서 목격한 것 중에 부러운 제도였다. 이것을 보면서 "우리나라도 이러한 제도를 도입하면 좋을 텐데."라는 바람을 가진 적이 있었다.

그런데 1988년 한국에 돌아왔을 때 많은 시중 은행들이 번호표제도를 시행하는 것을 보았다. 한국은 역시 고객의 편의를 생각하여 편리한 제도를 즉각 도입하는 나라라는 생각이 들었다. 정작 스웨덴의 인접 유럽 국가인 독일, 프랑스, 영국은 21세기인 지금도 긴 줄을 서서 기다려야 하는데 말이다. 인간의 편의를 생각한 다양한 서비스를 빠르게 도입하고 적용하는 면은 유럽 선진국보다도 우리나라가 더 월등함에 자부심을 갖게 된다.

세계로 통하는 동아시아의 관문인 인천국제 공항이 세계 최고의 공항으로 5년 연속 선정되었다. 이 같은 사실에서 우리 한국인들은 고객의 편의를 생각하는 서비스 차원에서 뛰어나다는 것을 알 수 있다. 그리고 대한항공과 아시아나 항공은 유럽항공사들보다 승객 서비스 면에서 더 높은 점수를 받고 있다. 게다가 아시아나 항공은 기내식 부문에서 세계 최고라는 인정을 받고 있다. 이처럼 고객과 국민 편의를 위해서 시스템을 과감하게 바꿀 수 있는 풍토가 한국의 '편의적 창의성'의 강점이 아닌가 싶다.

이러한 편의적 창의성의 배경을 기후, 역사, 문화 세가지 측면에서 생각해 보았다. 첫째, 한국은 시베리아 같은 겨울과 열대 지방 같은 여름이 동시에 있는 대륙성 기후가 특징이다. 이처럼 사계절이 뚜렷할 뿐만 아니라 극단적 날씨인 태풍과 가뭄도 있다. 결국, 한국인은 기후 변화에 맞추어 의식주의 형태를 바꾸며 살아왔다. 중동의 사막에서부터 알래스카의 설원에 이르기까지 지구 어디서나 활약하는 우리나라 사람들을 보면, 적응력 뛰어난 편의적 성향을 지니고 있음이 증명된다.

둘째, 지정학적으로 한국은 해양 세력과 대륙 세력의 완충지점에 위치하여 수많은 침략을 받고 살아왔다. 당나라, 수나라, 송나라, 명나라, 청나라, 중국, 그리고 거란, 여진, 몽고의 침략이 있었고, 일본의 침략이 있었다. 이런 점에서 신라통일 이후 지금까지 주변 여러 강대국에 의존해 자주적이기보다는 그들의 편의에 맞추어 살아 온 역사적 배경을 인정하지 않을 수 없다.

셋째, 편의적 창의성은 유교 문화에 기인한다. 군사부일체와 장유유서에서 보듯이, 한국사회에서는 관계, 직위, 나이에 따라 처신을 달리 해야 한다. 즉, 윗사람의 편의를 먼저 생각해야 되는 사회다. 반면, 혁명으로 절대왕정을 무너트린 프랑스는 자유, 평등, 박애의 정신으로 사회를 개혁했다. 이 중에 평등정신이 사회에 뿌리내렸기 때문에 관계, 직위, 나이에 상관없이 동등하게 대하는데, 이는 프랑스뿐 아니라 서구인들 대부분의 문화이기도 하다. 따라서 한국적 기준의 편의를 유럽인들에게 기대하는 것은 무리가 따를 수 밖에 없다.

세부적 창의성

우리나라 사람들의 세계적인 경쟁력은 손을 정교하게 사용하는 분야에서 더욱 두드러진다. 예를 들면, 의료 수술 테크닉, 반도체 제작 기술, 애니메이션 저작 같은 분야이다. 이러한 한국인의 강점을 보면서 우리에게는 '세부적 창의성이 있다고 생각한다. 그러면 유럽인들과 비교하여 한국인의 세부적 창의성을 뒷받침 할만한 근거들을 찾아본다.7

이탈리아의 '고차원적 창의성'의 전통은 앞서 언급했듯이 비단 최고의 스포츠카만 제작하는 것이 아닌, 세계최고가 수공예품으로 인정받는 바이올린인 아마티(Amati), 과르네리(Guarneri)와 스트라디바리(Stradivari) 같은 명기의 제작에서도 나타난다. 이런 현악기를 만든 이탈리아 사람들의 고차원적 창의성이 한국인에게도 있다. 우리의 탁월한 손기술은 이탈리아 바이올린보다 천 년 앞서 대가야의 우륵이 만든 가야금과 고구려의 왕산악이 제작한 거문고에서 보여준다. 게다가 정교한 손기술은 신라의 금속공예와 고려청자에서 엿볼 수 있다. 그리고 한국인의 섬세한 과학적 업적은 세계 최초의 금속 활자인 직지심경(1377년)의 발명에서 알 수 있다.

"독일 사람인 구텐베르크의 금속활자보다 78년이나 앞선 것이 우리나라의 직지심경이다."라는 사실은 우리가 자긍심을 갖기에 충분하다. 참고로 현존하는 직지인 '직지심체요절'은 한국이 아닌 '시각적 창의성'의 나라 프랑스 미테랑 국립도서관에 소장되어 있다. 그 직지심경을 한국으로 반환시키기 위해 노력하는 분들이 많은 것은 다행이다. 프랑스가 자국의 박물관을 약탈물들로 채워 전시하는 '시각적 효과'에만 집착하지 말고 속히 주인에게 돌려주기 바란다.

한국인이 세부적 창의성을 갖게 된 요인을 생활습관, 음식, 그리고 언어 세 가지 측면에서 살펴보겠다. 첫째, 생활습관과 세부적 창의성의 연관성이다. 우리가 사용하는 젓가락은 유럽 사람들이 식사할 때 손에 쥐고 사용하는 포크와 나이프와 달리, 손가락을 하나 하나 미세하게 움직여 음식물을 집는다. 특히, 한국의 금속젓가락은 중국의 길고 굵은 나무젓가락이나 일본의 매끈한 나무젓가락보다 무겁고 가늘어 잡기가 힘들다.

---

7 조명진, 한국인에게는 '세부적 창의성'이 있다, 재외동포신문 [175호], 2009.05.22.

즉 한국인들은 젓가락 중에서도 가장 사용하기 힘든 금속 젓가락을 사용하고 하고 있는 것이다. 하지만, 일단 손에 익은 금속 젓가락은 반찬을 집거나 음식을 뜰 때 어떤 젓가락보다 정교하게 움직인다. 즉 한국인들은 세세한 정밀작업을 함에 있어서 이미 생활습관을 통해 손에 익혀두고 있기 때문에, 복잡한 환경에서 정교함을 요하는 의료 수술과 반도체 제작, 그리고 애니메이션 제작시 색칠작업과 같은 일에서 탁월한 강점을 지니고 있는 것이다.

두 번째 요인으로 세부적 창의성은 음식에 기인한다고 생각한다. 유럽인들도 좋아하는 비빔밥, 김치, 불고기 같은 음식은 온갖 양념을 적절하게 배합한 것이 공통점이다. 여러 가지 재료의 정교한 배합과 숙성 정도에 따라 맛이 다르게 나오는 미묘함이 한국 음식의 특징이다. 훌륭한 맛은 세부적 배합 비율에 의하여 결정된다. 이와 마찬가지로, 고려청자의 제작에서 중요한 요소는 점토의 세밀한 배합과 세세한 온도 조절이라 할 수 있다. 세밀함과 정교함이 담긴 작업 공정에 의해서 명품 자기가 탄생하는 것이다.

세 번째 요인으로 언어적 측면에서 한국인의 세부적 창의성을 엿볼 수 있다. 한글의 특징은 형용사가 세밀하게 발달한 언어라고 알려져 있다. 그런데 세분화된 표현은 비단 형용사만이 아니다. 예를 들어, 영어의 명사 'Life'의 뜻을 한국어로 열거하면 '생명, 삶, 인생, 생활' 등의 다양한 뜻이 있음을 알 수 있다. 이 경우는 영어의 Life만이 아니고 독일어의 Leben, 스웨덴어의 Liv, 불어의 Vie, 스페인어의 Vida, 이탈리아어의 Vita에서도 마찬가지로 적용된다. 즉, 유럽언어는 한 단어로 여러 가지 의미를 모두 복합적으로 담고 있는데 반해, 한국어는 상황에 따라 세부적인 단어로 나누어져 있다.

게다가 이와 같은 사례는 동사에서도 나타난다. 영어는 'wear'라는 한 단어로 몸에 걸치는 모든 것을 표현하지만, 한국어는 '입다', '쓰다' '신다',

'끼다', '차다'로 세분화된다. 즉, '모자를 쓰다(wear hat)', '구두를 신다(wear shoes)', '장갑을 끼다(wear gloves)', '칼을 차다 또는 시계를 차다(wear sword/wear a watch)' 등으로 각기 다른 동사를 쓰며, 영어 promote는 일반 회사인지 아니면 군대인지에 따라 '승진하다' 또는 '진급하다'로 다르게 사용한다.

한글은 받침의 소리를 내는 종성과 이중모음, 이중자음이 있기 때문에 알파벳 로마자보다 훨씬 풍부한 어휘와 세부적 의성어를 지니고 있다. 알파벳 로마자로 낼 수 있는 의성어는 700개 가량인데, 한글은 8000여 개가 가능하다. 이런 점에서 한글은 유럽 언어보다 표현이 훨씬 더 세부적이다. 따라서 노벨 문학상에 한국 작가가 아직 선정되지 않은 것에 대해서 크게 서운해 할 필요가 없다고 생각한다. 노벨 문학상을 결정하는 스웨덴 한림원의 대부분을 차지하는 유럽 심사위원들이 번역된 한국작품에서 작가의 작품 세계와 모음 하나의 차이로 생길 수 있는 표현의 세세한 차이를 알 리가 만무하니까 말이다.

독일의 '논리적 창의성'의 토대가 언어라는 점에서 보면 한글에도 같은 요소가 있다. 단어의 구성에서 한글의 자음과 모음의 결합은 독일어의 전치사와 명사의 결합처럼 기계적이다. 기계적이라는 것은 단어의 조합이 레고 장난감을 조립하는 것과 같다는 뜻이다. 두 나라는 모두 많은 부품을 복잡한 공정을 통하여 정교하게 조립하는 작업이 요구되는 자동차산업에서 경쟁력이 있다는 공통점이 있다.

그런데 독일어를 비롯한 유럽언어의 단어 구성은 알파벳의 자음과 모음을 기차 칸 늘리듯 늘어놓는 수평 나열식인데 반해, 한글의 단어 조합은 수평 나열식 요소와 함께 복층 건물을 쌓듯이 수직 수평 복합식 혼합형을 띄고 있다. 이런 점에서 한국 건설회사가 세계적으로 유명한 버즈 두바이같은 고층 빌딩을 시공한 사실에서뿐만 아니라, 바이킹의 후예인 노르웨이가 세계 최고였던 조선산업을 오늘날 장보고와 이순신의 후예인 한국이 차지한 연관성을 세부적 창의성의 언어적 측면에서 찾아본다. 물론 바이킹의 배보다 장보고의 선단이나 나대용의 거북선이 층이 더 높고 정교하다는 점에서 조선기술에 있어서 유전인자(DNA)적인 요소가 한국이 세계 최강의 조선업 국가가 되는 데 기여했다고 본다.

한국인의 창의성을 편의적인 면과 세부적인 면 두 가지 측면에서 보았다. 세부적 창의성이 '단 맛'을 보인다면, 편의적 창의성의 역사적 배경이 다소 '쓴 맛'을 주기도 하지만, 이를 진정한 편의성 측면에서 혁신적으로 승화시킨다면 이상적인 결과를 가져다 줄 것이다. 두 가지 면을 우리만의 창의성으로서 국제무대에서 독보적인 경쟁력으로 키워나갔으면 하는 바람이다.

THE EUROPEAN PANDORA

제3장

유럽 연합의 언어

　언어는 문화의 정체성을 표현하는 대표적인 것이다. 라피이유는 《컬처 코드》에서 인간을 이해하는 새로운 안경을 쓰려면, 언어를 이해해야 한다고 말한다. 유럽언어의 차이점을 보는 눈은 문화적 차이를 볼 수 있는 안경과도 같은 것이다. 라파이유는 프랑스어와 독일어의 차이점을 이렇게 설명하고 있다.

　프랑스어로 '태양'은 남성명사인 '솔레이 le soleil'인데 반해, 독일어는 '태양'을 뜻하는 존네 die sonne는 여성형이다. 즉, 프랑스인은 태양을 남성으로 인식하며, 나아가 남성을 찬란하게 빛나는 존재로 보는 반면, 독일인은 여성을 이 세상을 따뜻하게 하고, 사물을 자라게 하며, 아이를 기르는 존재라고 생각한다. 프랑스어에서 여성은 달을 뜻하는 여성명사인 '룬 la lune'과 연관된다. 한편 독일어에서는 달은 남성인 몬트 der Mond로서 남성은 밤이고, 어둠이다. 태양과 달과 같은 단어의 간단한 습득 과정을 통해서 프랑스인과 독일인이 정반대의 각인을 가지고 있는 것처럼 모든 문화는 저마다 이런 단어들에 대한 해석, 즉 코드가 다르다.

브뤼셀에 사는 필자의 영국 친구 Mr. 포드Ford의 일화이다. 파티에서 만난 프랑스 사람에게 자신을 포드라고 소개했는데 다음 번에 만났을 때 'Mr. 르노Renault'라고 불렀다고 한다. 그 프랑스인은 '포드'라는 이름을 들었을 때 '자동차 이름과 같구나'라고 인식하고 기억해 두었는데, 그를 다시 봤을 때 프랑스 자동차에 대한 각인이 강한 나머지 '포드' 대신 '르노씨'라고 했던 것이다. 이처럼 어떤 곳에서 소비 문화를 하고 있는 지에 따라 제품명을 상표명으로 각인하는 방식을 통해 인식도 다르게 나타나는 예라고 할 수 있겠다.

그러면 유럽인들 사이에 언어별로 갖고 있는 각기 다른 인식이 어떤 편견을 만들어 냈는지 살펴본다.

언어별 편견

유럽인들은 서로 다른 유럽언어에 대해서 편견을 갖고 있다. 사랑할 때는 프랑스어로, 욕할 때는 네델란드어로, 노래할 때는 이탈리아어로, 신을 논할 때는 독일어로, 사냥을 할 때는 핀란드어로, 축제를 벌일 때는 스페인어로, 여행할 때는 스웨덴어로, 그리고 비즈니스 할 때는 영어로 하는 것이 적합하다는 말이 있다. 거의 같은 알파벳을 사용하는 유럽 언어별 특징을 간략하게 표현한 것이긴 하지만, 네덜란드 사람들은 자기 언어에 대한 부정적인 이미지에 대해서 동의하지 않을 뿐 아니라 기분 상해 할 것이 분명하다.

이러한 선입견은 아래에서 볼 수 있듯 8개의 언어에 대해 특징을 말해준다.

프랑스어가 사랑할 때 어울리는 말이라는 것은 불어가 주는 부드러운 어감에서 비롯된다. 보들레르의 낭만시를 보면, 시적 운율이 불어 속에 살아있다. 에디트 피아프, 아다모, 실비 바르탕 등의 샹송이 주는 느낌과 연인들의 도시로 인식되는 파리가 주는 로맨틱한 이미지가 프랑스어를 더욱 '사랑의 언어'로 여기게 만든다. 프랑스어는 계몽주의시대의 볼테르, 루소, 위고, 스탕달 같은 걸출한 작가들의 작품들을 통해서 낭만적 언어로 자리잡게 된다.

프랑스어는 또한 '맛있는 언어'라는 느낌을 준다. 메뉴에 '푸아그라 foie gras'라고 쓰여있으면 고급스러운 풍미가 느껴지는데, 영어로 'liver of duck 오리 간'이라고 하면 왠지 먹기가 주저된다. 똑같은 재료의 똑같은 음식이 프랑스어의 어감으로 인해서 더 맛깔스럽게 들린다. 영어로 소고기와 돼지고기를 뜻하는 beef와 pork가 프랑스어 boeuf와 porc에서 유래된 것도 프랑스의 식도락이 그만큼 발달했다는 증거다. 프랑스어로 요리사와 교향악단의 지휘자에게 모두 세프 chef 라는 단어를 사용하는 사실을 보면 프랑스인들에게 음식은 예술로 비춰지는 모양이다.

네덜란드어가 욕할 때 쓰는 언어라는 편견은 영국에서 비롯된 것이다. 네덜란드는 아시아 지역 식민지 경영을 위해 1602년에 네덜란드 동인도회사¹를 설립해 영국의 라이벌이 되었다. 경쟁국 네덜란드를 깎아 내리려는 영국의 저의가 많은 영어 단어에 나타나는데, 'dutch'를 접두사로 쓰면 부정적 의미의 단어가 된다. 예를 들어, 'dutch disease' 네덜란드 질병 는 '성병'을 뜻하고, 'dutch courage' 네덜란드 용기 는 '술김에 부리는 허세'라는 뜻이며, '더치 페이' dutch pay 는 'dutch treat' 네덜란드식 대접 에서 유래된 말로 '돈을 각자 낸다'는 뜻을 넘어 '대접 아닌 대접'을 의미하기도 한다.

이탈리아어가 노래할 때 어울린다는 것은 베르디, 푸치니, 도니제티, 마스카니 등 수 많은 작곡가의 오페라가 이탈리아어로 쓰였고, 이탈리아 대중음악인 칸초네가 주는 이미지 때문이라고 생각된다. 이탈리아어는 억양 자체가 리드미컬한데다 자음 모음의 연결이 자연스러워 발성하기 쉽다. 또 위 유명 작곡가의 이름에서 볼 수 있듯이, 받침이 거의 없어 발음이 쉽고, 대부분의 모음도 밝고 명료하게 발음된다. 그래서 결국 발성적으로 노래하기에 편안하고 쉬울 수 밖에 없는 언어인 것이다.

독일어가 신神을 논할 때 사용되기에 적합하다는 것은 1517년 마틴 루터가 '면죄부에 관한 95개조 논제'의 항의문을 게시하면서 종교개혁을 일으킨 역사적 배경을 두고 하는 말이다. 게다가 루터가 라틴어로 된 신약성서를 독일어로 번역해서 성서 대중화의 길을 열게 됨에 따라,

---

1 1653년 한국에 온 최초의 서양 사람은 네덜란드 사람 하멜인데, 바로 네덜란드 동인도회사 직원으로 인도네시아 자카르타에서 일본 나가사키로 가던 중 풍랑을 만나 제주도에 표류했다. 조선에 13년 있다가 네덜란드로 돌아가 조선을 유럽에 알리는 계기가 된《하멜 표류기》를 1668년 출간했고, 그것이 독일어, 프랑스어, 영어로 번역되면서 조선의 존재를 유럽인들이 알게 되면서, 극동에 대한 식민지 경영에 야망을 심어준 책이 되었다.

독일은 신학의 발달과 함께 문학도 번성하게 된다. 특히, 독일어는 괴테, 쉴러, 헤세 같은 문호의 배출을 통해서 발전한다.

"사냥할 때는 핀란드어를 쓴다."는 말에는 논리적으로 모순점이 있다. 왜냐하면 사냥할 때 '침묵은 금'이기 때문이다. 어쨌든 그 말은 핀란드 사람들이 그만큼 과묵하다는 뜻이다. 겨울이 길고 추운 북유럽에 사는 핀란드 사람들은 상대적으로 대인관계가 적어 말수가 적다. 그래도 술 마실 때 화통한 면이 있는 핀란드 사람을 보면서 피노 우그르 어족에 속하는 핀란드어가 우랄 알타이 어족에 속하는 한국어와 유사한 점이 있어서 그렇지 않나 하는 생각이 들기도 한다. 또 '핀란드어는 전화통화 시에 사용하는 언어'라는 농담이 있다. 한때 세계 핸드폰시장 최고의 점유율을 자랑했던 핀란드 통신기업 노키아 덕분에 만들어진 농담이라고 여겨진다.

축제를 뜻하는 카니발의 나라인 스페인 사람들에 대해서 갖는 일반적 이미지는 기타를 연주하며 플라멩코 춤을 추는 사람들이다. 스페인 사람들 하면 축제 분위기에 젖어 지내는 장면이 먼저 연상된다. 따뜻한 지중해 기후 덕에 이웃들과 잘 어울리고 대가족 중심의 생활을 하는 스페인 사람들의 라이프 스타일은 잔치 집처럼 늘 북적거리는 이미지를 준다. 이런 측면에서 스페인어는 축제 무드와 잘 어울리는 유연한 어감을 갖는다. 게다가 스페인어는 《돈키호테》를 쓴 세르반테스를 비롯한 16~17세기 황금시대에 기라성 같은 문호들이 나타나 괄목할 만한 언어적 발전을 이루게 된다.

스웨덴어가 '여행할 때 쓰는 언어'라는 표현은 스웨덴의 법정 휴가가 연 6주인데다가 병가까지 포함하면 일 년에 한 달 반에서 두 달을 휴가로 쓸 수 있기 때문에 나온 것처럼 보인다. 게다가 EU 물가가 스웨덴보다 비싼 곳은 거의 없기 때문에 유럽 어디를 가도 자국보다 물가가 저렴하다는 점에서 스웨덴 사람들은 휴가를 해외에서 많이 보낸다. 그래서 사계절 유럽 어디를 가도 여행 중인 스웨덴 사람들을 마주치게 된다. 물론 유럽에서는 노르웨이와 스위스의 물가가 스웨덴보다 비싸거나 비슷하지만 이 두 나라는 EU 회원국이 아니다.

영어가 비즈니스 용으로 적합하다는 말이 있다. 영어에는 존칭 대명사가 없고, 독일어처럼 긴 복합명사도 없으며, 프랑스어나 스페인어처럼 인칭과 단수, 복수에 따른 동사변화가 복잡하지 않고 단순하기 때문에 물건 거래할 때 편리하게 쓰이니, 타당한 면이 있는 말이다. 하지만, 어느 언어학자의 말대로 "영어는 엉망으로 말하기 가장 쉬운 언어"로 보여 질 수 있다. 왜냐하면 다른 언어들과 달리 간단한 영어회화를 구사하는데 있어 많은 노력을 요구하지 않지만, 대신 문법과 발음에 예외가 많기 때문에 '정확한 영어'를 구사하는데 있어서 더 많은 노력을 필요로 하기 때문이다.

영어가 프랑스어와 독일어처럼 지금의 국제적인 위상을 차지하게 된 것은 바로 영어로 쓰여진 걸출한 문학작품들에 기인한다. 14세기 이후부터 초오서, 모어, 섹스피어 같은 영국작가들의 많은 작품들 덕택에 영어가 매력 있는 언어로서의 기반을 닦은 것이다. 필자는 세계적 언어가 되기 위한 조건 중 하나는 바로 '문학적 인지도'라고 생각한다.

'완벽한 유럽인'이 되기 위해서 위 상황에 맞는 언어를 다 구사하기란 평범한 유럽인으로서는 거의 불가능한 일이다. 그래도 라틴어족인 프랑스어, 스페인어, 이태리어, 포르투갈어 중에서 하나를 할 줄 알거나, 게르만 어족인 독일어, 스웨덴어, 영어, 네델란드어 중에 한 언어를 구사할 줄 알면 같은 어족간 단어의 유사성 때문에 표기 또는 발음을 통해 해당 어족 문자의 뜻을 유추하는 것은 그리 어렵지 않다. 예를 들면, 영어의 'house'(하우스)는 독일어로 'haus'(하우스), 스웨덴어로 'hus'(휘스)라고 표기하며 괄호 안처럼 발음한다. 정원을 뜻하는 프랑스어 'jardin'(자르댕)은 이탈리아어로 'giardino'(지아르디노), 스페인어로는 'jardin'(하르딘)이다.

유럽연합의 다언어주의 multilingualism

27개 회원국을 둔 유럽연합EU의 공식어는 23개이다. EU가 '다언어주의multilingualism'를 존중한다는 원칙에 따라 작은 회원국의 언어도 EU 공식어로 대우를 받는 것이다. 참고로, 국제연합UN은 192개 회원국이 있지만 UN 공식어는 영어, 프랑스어, 러시아어, 아랍어, 스페인어, 중국어 6개 국어이다.

 EU가 공식어로 23개 언어를 채택함에 따라 통 번역에 드는 연간 예산이 자그마치 10억 유로 한화 1조 5천억 원나 된다. 다언어주의에 따른 막대한 비용 지출이다. EU의 문서 번역사 수는 2000명이나 되고, 23개 언어별로 하루에 80명의 통역사가 필요하다. 유럽의회는 785명의 유럽국회의원Member of European Parliament; MEP들 간의 의사소통을 위해서 60명의 통역사를 고용하고 있다.

몰타 인구 37만 명이 사용하는 몰타어가 EU 공식어로 인정 받는 반면, 스페인 내 카탈루냐 지방민 700만 명이 사용하는 카탈루냐어는 공식어로 인정받고 있지 않다. 이렇듯 얼마나 많은 사람들이 사용하는 언어인가에 따라 공식어, 비공식어가 정해지는 것은 아니다. 만일 카탈루냐어가 추가로 EU 공식어가 된다면, EU는 또 다른 통번역 예산을 확보해야 한다.

두 개 이상의 언어를 구사하는 번역사와 통역사들도 사람인지라 실수를 할 때가 있다. 실제로 한 농업 관련 실무 모임에서 영어로 '냉동정액frozen semen'이 프랑스어로 '얼어버린 선원frozen seamen'으로 통역된 적이 있다. 또, 유럽연합은 번역 비용 절감을 위해서 컴퓨터 번역기를 부분적으로 이용하고 있는데, 역시 기계는 사람보다 못하다는 것이 종종 증명된다. 한 예로, "안 보면 잊어버린다."out of sight, out of mind 라는 표현을 컴퓨터 번역기는 "보이지 않는 미친 사람"invisible lunatic으로 번역하여, 본래 뜻을 완전히 왜곡시킨 일이 있다.

유럽 주도 언어의 변천: 프랑스어에서 영어로

유럽통합은 프랑스 경제학자 장 모네의 주창으로 출발하였고, 1957년 유럽경제공동체EEC를 창단 한 독일, 프랑스, 이탈리아, 네덜란드, 룩셈부르크, 벨기에 6개국 중에 프랑스, 룩셈부르크, 벨기에가 프랑스어권 국가이기 때문에 EEC 내에서 프랑스어의 비중은 클 수밖에 없었다. 하지만, 이제는 '영어권이 되가는 유럽연합The European Union is becoming an English-speaking zone'이라는 표현이 낯설지 않고 당연하게 받아들이는 추세다.[2] 1970년대 이후로 유럽에서 강화되어 온 영어의 입지를 EU 확대와 유로비전 송 콘테스트를 통해서 살펴본다.

EU 확대에 따른 영어의 부상

유럽 통합 과정에서 프랑스어의 독보적 위치는 1973년 영국, 아일랜드 그리고 덴마크가 유럽경제공동체 EC 에 가입하면서 도전을 받기 시작했다. 그러나 그리스가 1981년에, 그리고 스페인과 포르투갈이 1986년에 새로운 회원국으로 되었을 때, EC 내 프랑스어의 공고한 입지에는 별다른 영향을 주지 않았다. 왜냐하면 이들 3개국은 언어학적으로 프랑스어와 같은 로만스 어족이어서 영어보다 프랑스어를 더 쉽게 이해했기 때문이다.

실제로 EU 내에서 언어 비중은 EU 내 최고위직인 EU집행이사회 위원장 직을 누가 맡느냐에 따라 큰 영향을 받은 것이 사실이다. 프랑스어가 유럽의 주도적 언어로 군림하던 절정의 시기는 룩셈부르크의 가스통 토른 Gaston Thorn 이 1981년에서 1985년까지, 그리고 가장 성공적인 위원장으로 기록되는 프랑스의 자크 들로르 Jacques Delors 가 1985년부터 1995년까지 10년간 역임했을 때이다. 자크 들로르 후임으로 다시 룩셈부르크의 자크 상떼 Jacques Santer 가 1999년까지 역임했었지만, EU 내 주도언어로서 불어의 하강곡선은 자크 들로르 위원장의 퇴임 시점부터 나타나기 시작했다.

---

[2] 조명진, 프랑스어, '흘러간 옛노래' 되는가, 시사저널 [1058호], 2010.01.27.

번역과 관련한 주도 언어의 변천을 보면, EU 집행이사회의 문서 번역은 1996년에 프랑스어가 38퍼센트를 차지했는데, 2007년 현재 12.3퍼센트로 감소한 반면, 영어는 10년 사이에 46.7퍼센트에서 73.5퍼센트로 증가했다고 르 몽드 Le Monde는 전한다.

영어의 부상은 1995년 오스트리아, 스웨덴, 핀란드 같은 신규 회원국을 EU가 받아들임으로써 두드러졌다. 그 이유는 오스트리아, 스웨덴, 핀란드 출신 '유로크랏' Eurocrat-European과 bureaucrat의 합성어로 'EU공무원'을 지칭한다들은 프랑스어보다 영어에 훨씬 능통하기 때문이다. EU 집행이사회에서 오랜 외교관 생활을 한 사람의 말을 빌리자면 1995년만 해도 EU 집행이사회 사무실 서류의 약 70퍼센트는 프랑스어로 쓰여졌는데, 이제는 80퍼센트 이상이 영어로 작성된 서류라고 한다.

1995년 EU 확대에 이어서 2004년에 EU에 가입한 10개 회원국발트 3국, 폴란드, 체코, 헝가리, 슬로바키아, 사이프러스, 몰타, 슬로베니아 출신 유로크랏의 경우, 60퍼센트는 영어를 제2외국어로 하고 나머지 20퍼센트만 프랑스어를 제2외국어로 하기 때문에, EU 내 영어의 입지가 더욱 공고해졌다. 참고로 EU 전체 인구 가운데 영어를 모국어로 사용하는 인구의 비율은 13퍼센트이고, 프랑스어의 비율은 12퍼센트이다. 흥미로운 것은 독일어가 18퍼센트를 점유하여 인구비중으로 가장 높은 비율이다. 그런데 외국어로서 영어를 구사하는 비율은 38퍼센트나 되지만, 프랑스어와 독일어는 각각 14퍼센트이다.

한 가지 사건은 프랑스어를 구사하지 못하는 캐서린 애쉬튼이 2009년 12월 신설된 EU 외무장관 격인 외교 안보정책 대표가 되었을 때 프랑스 유로크랏들은 충격을 넘어 경악하는 반응을 보였던 것이다. EU 내 외교 분야의 고위직 인사가 프랑스어를 못한다는 것은 얼마 전까지만 해도 상상할 수 없었던 일이기 때문이다. 그래도 프랑스 유로크랏들은 EU 집행위원회 바로소 위원장이 영어보다 프랑스어를 더 수월하게 구사한다는 사실에 그나마 안도감을 느낄지도 모를 일이다.

한편, EU 회원국 중 교과과정에서 영어 대신 프랑스어를 더 많이 가르치는 유일한 나라는 루마니아인데, 2007년 루마니아가 EU에 가입하는 데 가장 적극적으로 후원한 나라가 프랑스였다는 사실은 EU 내 프랑스어의 열세를 의식한 '자구책'이었다고 전해진다. 그렇지만 유럽내에서 프랑스어의 위세가 감소하고 있는 것은 사실이지만, 전 세계적으로 프랑스어의 기득권은 여전히 견고하다. 먼저 전 세계 프랑스어권 국가 수는 56개국에 이른다. 프랑스어가 엘리트 사이에서 공식적으로 쓰이는 서아프리카 지역의 코트디부아르 같은 나라들 그리고 프랑스어가 공식어는 아니지만 공교육을 받은 사람이라면 구사가 가능한 모로코와 레바논 같은 아프리카와 아랍국가들도 있다.

유로비전에서 영어의 부상

유로비전 송 콘테스트Eurovision Song Contest, 이하 유로비전는 1956년부터 유럽방송연맹EBU이 주관해 온 유럽 최대의 가요제이다. 유로비전의 역대 그랑프리우승를 차지한 노래의 언어 변천사를 보아도 유럽의 주도 언어가 프랑스어에서 영어로 옮겨진 사실을 발견할 수 있다. 7개국이 참가한 1956년 1회 유로비전 대회에서는 개최국 스위스의 리스 아시아가 프랑스어로 부른 노래 '르프랭Refrain'이 우승을 차지했다. 1973년 유로비전 대회까지 프랑스어로 부른 노래가 열 번이나 우승한 사실에서 보듯이, 초기 유로비전에서는 룩셈부르크, 벨기에, 모나코 같은 프랑스어권 국가들이 강세를 보였다.

참가국의 자국어로 불러야 되는 규정이 1973년 대회부터 사라진 덕을 본 것이 바로 1974년 스웨덴의 아바가 영어로 부른 '워털루Waterloo'이다. 주목할 만한 현상은 자국어에 대한 집착이 강한 것으로 알려진 프랑스가 2001년과 2008년에 프랑스어와 영어를 혼합한 노래로 참가했다. 이를 두고 1977년 마지막 우승한 이후로는 입상을 하지 못한 프랑스의 '궁여지책'으로 볼 수도 있고, 아니면 팝뮤직에서 영어의 비중을 의식한 '국제화'의 방편으로 이해할 수도 있겠다.

프랑스어로 부른 노래가 유로비전에서 마지막으로 우승한 것은 1988년 캐나다 국적의 셀린 디옹이 스위스를 대표해 불렀던 '느 빠르떼 빠 쌍 므와Ne Partez Pas Sans Moi'이었고, 1999년 이래로 유로비전 우승곡 언어는 2007년 세르비아어를 제외하고는 모두 영어다. 물론 2011년 아제르바이잔의 우승곡도 영어인 'Running Scared'였다.

18세기 러시아 궁정에서조차 사교 언어로 풍미했던 프랑스어는 이제 팝뮤직과 비즈니스 언어인 영어에 그 자리를 넘겨 준 것이다. 2000년대에 들어서 인터넷 검색어로서 영어의 중요성은 더욱 증대되어 영어는 비단 유럽뿐만 아니라 전세계적으로 어떤 언어도 도전할 수 없는 난공불락의 양상을 보이고 있다.

영어의 부상에 따라 한때 유럽의 주도 언어였던 프랑스어는 확실히 퇴조되었다. EU 주요기관이 위치한 브뤼셀과 EU 의회가 있는 프랑스 스트라스부르그는 프랑스어권이기 때문에 프랑스인들은 그곳의 복도와 거리에서 여전히 프랑스어를 들을 수 있다는 사실에 그나마 위안을 삼을 듯하다.

필자가 1987년 처음 방문했던 프랑스에서 프랑스인들에 대한 인상이 불친절하다고 생각한 것은 파리에서 스위스 제네바로 가는 TGV를 타는 리옹역 안내 창구Information Desk에 붙어있던 <No English Spoken> 때문이었다. 제네바행 기차를 몇 번 플랫폼에서 타야 하는지를 물어보기 위해서 찾아 갔건만, 이 안내판을 보는 순간 '이것이 알량한 프랑스인들의 자존심이란 말인가!' 하는 생각이 들었다.

예나 지금이나 파리는 세계에서 모여드는 수 많은 외국인들로 붐비는 도시인데, 국내선 기차역도 아닌 타국행 국제 기차역에서 간단한 행선지 안내 조차도 국제 공용어인 영어로 안내를 받을 수 없고, 오직 프랑스어만 사용해야 한다는 것은 프랑스인들의 자국어에 대한 자긍심이나 애착이라기 보다는 오만함과 불친절로 해석될 수 밖에는 없는 것이었다.

그러나 이제 프랑스인들은 영어를 열심히 배우고 쓴다. 프랑스 통신인 알카텔과 자동차 회사인 푸조-시트로앵의 중역회의는 아예 영어로 진행되고, INSEAD처럼 영어로만 수업을 진행하는 비지니스 스쿨도 있으며, 식당의 메뉴판도 영어로 된 곳이 많다. 그리고 지하철 종점 안내방송도 영어로 하는 등 격세지감을 느끼게 된다.

> **Tip** 제일 간단한 유럽 언어는?

　스웨덴어를 사용하다보면 느끼게 되는 특징이 동사가 영어에 비해서 상대적으로 짧다는 것이다. 예를 들면, 영어의 take(테이크)는 스웨덴어로 ta(타) have(해브)는 ha(하) 그리고 give(기브)는 ge(예)이다. 마치 영어 단어의 꼬리를 자른 듯 해 보인다. 음절이 짧은 스웨덴어의 예를 들면, I know(아이 노). 스웨덴어 Jag vet(여 벳) 한국어로는 "나는 안다/알아요."이다. 고맙다/고맙습니다를 뜻하는 말은 스웨덴어로 tack(탁)이다. 이보다 짧은 음절의 유럽언어는 없는 듯하다. 영어thanks(땡스), 포르투갈어Obrigado(오브리가도), 프랑스어Merci(멕시), 독일어Danke(당케), 스페인어Gracias(그라시아스), 이탈리아어 Grazie(그라찌에). 그래서 "알았어요, 고마워요"를 스웨덴어로 "Jag vet, tack(여 벳 탁)"인 것을 보면 스웨덴어는 정말 단촐하게 보인다.

　영어에서 의문문을 만들려면 조동사가 없고 본동사만 평서문인 경우 Does 또는 Do을 문장앞에 쓴다. Does he know? 또는 Do you know? 처럼 Did you play? 과거를 뜻하는 Did가 조동사로 쓰인다. 반면 스웨덴어에서는 현재든 과거든 미래든 평서문에서 동사를 앞으로 이동하면 의문문이 된다. Han vet 그는 안다. Vet han? 그는 아는가? Du vet 당신은 안다. Vet du? 당신은 압니까? Du spelade. 당신은 놀았다/연주했다. Spelade du? 당신은 놀았어/연주했어? 결과적으로 스웨덴어의 의문문은 영어에 비해 짧아져서 간단하다.

스웨덴어에서 ses 동사처럼 뒤에 s로 끝나는 것은 '둘이 서로' 상호적 의미를 담고 있다. Vi ses i morgon! 비 세스 이 모론-영어루 의미를 그대로 옮기면 we see each other tomorrow의 뜻이다. 스웨덴어의 간단함의 또 다른 예이다.

동사 변화에서 영어는 He likes처럼 3인칭 단수에 s를 붙인다. 하지만 스웨덴어는 인칭, 단복수에 상관없이 시제에 따라서 변할 뿐 동사가 똑같이 쓰인다. I like는 스웨덴어로 Jag gillar(여 일라), She likes는 Hon gillar(훈 일라). 이 또한 머리속으로 생각할 필요없이 신속하게 말을 할 수 있는 통일된 특징을 보인다. 필자는 이러한 스웨덴어의 특징을 '획일성'이라 부른다.

역사적으로 스웨덴의 성공적인 팽창은 구스타프 아돌프 왕의 전술과 전략에 더해서 스웨덴어의 '획일성'도 한 몫했다고 본다. 8세기 말에서 11세기 중반 스칸디나비아뿐만 아니라 콘스탄티노플(현재 이스탄불)과 러시아 볼가강까지 세력을 뻗쳤던 바이킹 시대. 그리고 17세기 1611년에서 1632년까지 왕으로 재임하면서 '스웨덴 제국(The Swedish Empire)'을 건설하며 북유럽의 강국으로 만든 구스타프 아돌프 2세(Gustav II Adolf)의 치적이 바로 좋은 예이다.

전투를 이기기 위해서는 일사분란한 이동과 공격이 승리의 관건이다. 그런 점에서 스웨덴어는 다른 유럽언어보다 더 짧게 표현되므로, 수많은 명령들이 내려지는 긴박한 전시 상황에서 신속한 의사소통으로 유리하게 작용했을 것이다. 승전의 원인 중에 하나가 바로 언어가 갖는 특징도 작용했을 거라는 추측이 가능하다. 즉 스웨덴은 적보다 빠른 의사소통을 통해서 일사분란하게 움직여 승리를 했을 것이다. 결론은 동사를 비롯한 단어의 음절이 짧아야 소통이 원활하고 신속하게 작용할 수 있다는 것이다.

2050년 세계 10대 주도 언어 전망
– 한국어 세계 5대 언어 반열에

세계 주도 언어는 국제무대의 역학관계에 따라 변천하여 왔다. 로마제국의 라틴어로부터 서구팽창주의에 따른 16세기의 스페인어, 17세기의 네델란드어, 18세기의 프랑스어 그리고 19세기 대영제국의 영어까지를 보면 알 수 있다. 현재 지구상에서 사용되는 언어 수는 6,912종류가 있지만, 언어학자 데이비드 해리슨에 따르면 기존 언어의 90퍼센트가 2050년에 사라질 것이라고 전망한다. 그러면 향후 반세기 안에 살아남는 언어와 또 그중에 주도적 자리 매김을 할 새로운 언어들은 어떤 것일까 궁금증을 자아낸다.

결론부터 말하면, 100년 후 지구상에 살아남을 10개 주요 언어로는 6개 UN 공용어(영어, 아랍어, 스페인어, 러시아어, 중국어, 프랑스어) 이외에 독일어, 일본어, 히브리어 그리고 한국어가 될 것이다. 게다가 사용 인구 측면에서 한국어는 2050년까지 5대 언어에 속할 전망이다. 이 같은 한글의 부상을 네 가지 측면에서 예측해 본다.

첫째, 언어의 힘은 사용국의 생존력이 중요한 요소이다. 한국을 포함한 독일, 일본 그리고 이스라엘의 공통점 중에 하나는 지난 한 세기 동안 전쟁을 치르고 살아남은 국가들이다. 독일과 일본은 전쟁을 일으키고 패배했음에도 여타 승전국들보다도 더 괄목할만한 성장을 이루었다. 천 년 동안 나라 없이 세계 각처를 떠돌다가 2차 대전 종전 직후 건국된 이스라엘은 4차에 걸친 중동전과 수많은 국지전에서 아랍세계와의 대결에서 버티어온 국가이다.

　한국은 5천 년 역사에 수많은 외세의 침입으로부터 살아남았고, 지난 20세기에는 일제식민 통치에서 벗어나 한국전쟁에서 패망하지 않고 살아남아, 냉전의 최전방이라는 상황에서 성장을 이룩해 온 국가이다. 이러한 생존력은 해당 국민들을 열심히 일하게 만들어 근면한 국민성을 갖게 만들었고, 이는 생산성 향상에 기여해 왔다는 점에 주목하게 된다.

　둘째, 언어의 힘은 해당 국민의 창의성에 바탕을 둔다. 부존자원과 인구로 보자면, 인도네시아어와 브라질이 사용하는 포르투갈어도 주목할 만하다. 하지만 이 두 나라는 창의력과 선진 기술력에 있어서 앞서 언급한 4개국에 미치지 못한다. 국민이 창의적이어야 경쟁력있는 상품을 만들어 경제력에서 앞서가는 국가가 되는 것이다. 다시 말해, 창의성이 바탕이 되어야 국제 경쟁력 있는 제조업을 지속할 수 있다. 독일의 자동차 산업, 일본의 소재산업, 이스라엘의 정밀산업 그리고 한국의 전자와 IT 산업은 모두 세계 상위권을 차지하고 있다는 사실에서 이들 국가의 창의성을 엿볼 수 있다.

　셋째, 언어의 힘은 문화적으로 친근하게 끌어당기는 힘이 있어야 한다. 다시 말해, 외국어로서 주도적 언어가 되기 위해서는 해당 국가가 매력이 있어야 한다. 친근감을 갖게 되는 나라에 가보고 싶은 마음이 드는 것이고, 그 언어를 포함에 문화에 접근하는데 동기부여를 제공하는 역할을 한다. 할리우드 영화와 미국 팝음악의 선풍적인 인기가 영어를 친근하게 여기게 만들었듯이, 한국 주변 국가들에서 시작된 '한류'라 칭하는 한국 대중문화에 대한 인기도를 보면 그렇다.

　한국의 드라마와 영화는 아시아와 중동을 넘어 북미까지 수출되고 있고, 'K-팝'이라 불리는 국제화된 대중가요가 아시아를 넘어서 유럽까지 붐을 일으키고 있다. 세계인에게 감동을 주는 이러한 문화 창작력이 바로 한글에 의해서 일차적으로 만들어 진다는 사실이다.

넷째, 독일어, 일본어, 그리고 히브리어와 같은 다른 언어에는 없지만 한글에만 있는 요소가 바로 '최첨단 단순성(cutting-edge simplicity)'이다. 언어 자체가 과학적이고 체계적이어서 배우기 쉽고 사용하기 쉬운 언어라는 뜻이다. 이런 강점 덕분에 지구상에 문자를 갖고 있지 않은 언어의 표기 수단으로서 한글이 쓰이고 있다.

그 예로 네팔인들 가운데 소수민족이 사용하는 채팡어와 태국의 소수민족인 라후족도 그들의 고유 언어를 한글로 표기하고 있다. 이처럼 한글을 문자가 없는 언어들의 표기 수단으로 쓰는 추세는 한글의 최첨단 단순성과 더불어 기록장치가 없는 언어들에 대한 한국 정부의 더 적극적인 지원이 따른다면, 더욱 증가될 전망이다. 이는 종국적으로 전 세계 한글 사용자 수를 늘리는 데 기여하게 된다.

모국어로서 한글을 배운 사람들이 아닌, 외국 언어학자들이 한글을 높이 평가하는 사실은 한글의 우수성을 재확인하게 해준다. 미국의 언어학자 로버트 램지는 "한글보다 뛰어난 문자는 세계에 없다. 세계의 알파벳이다."라고 했고, '대지'를 쓴 미국의 여류작가 펄 벅은 "한글은 전 세계에서 가장 단순한 글자이며, 가장 훌륭한 글자이다."라고 했으며, 미국의 언어학자 레드야드 교수는 "한글은 세계에서 가장 진보된 문자이다."라는 찬사를 아끼지 않았다.

이러한 외국 언어학자들의 한글에 대한 평가는 과학적이며 동시에 단순한 글자라는 말로 요약된다. 한글의 14개의 자음과 10개의 모음, 총 24자를 단시간에 익히고 쓸 수 있다는 점에서 한글이 과학적임과 동시에 레고 장난감 조합하는 것과 같은 단순성을 지니고 있음을 증명하고 있다. 덧붙여, 정보화 시대에 한글은 쉬운 단어 조합 덕분에 핸드폰 문자 입력에 있어서 중국어와 일본어보다 일곱 배나 빠르다. 또한 한글은 컴퓨터 키보드에서 영문 알파벳보다 30퍼센트 빠른 속도로 글자 입력이 가능하다는 점에서

디지털 시대에 가장 적합한 언어이다.

사용 인구 측면에서 한국어는 한국이 갖고 있는 IT 강국의 입지에 더하여, '최첨단 단순성'의 언어로서 세계인들에게 호감가는 외국어로 다가가고 있다. 따라서 한국어는 사용 인구에 있어서, 2050년 안에 중국어, 스페인어, 영어, 아랍어에 이어 5위에 속하는 언어가 될 것이다. 다시 말해, 한국어는 향후 40년 안에 사용자 수에 있어서 독일어와 일본어는 물론 UN 공용어인 프랑스어와 러시아어까지 추월한다는 뜻이다.

세종대왕이 1446년 반포한 한글은 남다른 생존력과 창의력을 지닌 한국인들의 고유 언어이다. 뿐만 아니라, '최첨단 단순성'을 장점으로 한 한글은 세계인들로 하여금 한국 대중문화에 대한 호감을 이끌어 냄으로써 매력있는 세계인의 언어로 떠오르고 있다. 훈민정음은 소중한 인류 문화 유산으로서 반포 된 지 600년 만에 세계 5대 언어로서 자리매김할 날을 향해 점점 다가가고 있다.

THE EUROPEAN PANDORA

THE EUROPEAN PANDORA

제4장

유럽의 왕실

THE EUROPEAN PANDORA

유럽통합의 토대가 된 왕실 간 통혼

나라와 나라가 연합하려면 양국의 이해관계가 맞아야 한다. 세 개 이상의 나라가 합쳐지려면 정치, 경제적 이해관계를 넘어서 역사와 문화적 '동질성 homogeneity'에 바탕을 둔 상호 신뢰가 있어야 한다. 이러한 관점에서 유럽통합을 2차 세계 대전 이후에 나타난 전후 복구 체제의 일환으로 보는 것은 단편적인 견해에 불과하다.[1]

제레미 리프킨은 《유러피언 드림》에서 유럽통합의 출발점을 다음과 같이 말하고 있다.

> 유러피언 드림의 출발점은 2000년도의 시작도 2차 대전 이후의 시대

---

[1] 조명진, 유럽 통합의 기초 공사 '왕실 간 통혼', 시사저널 [1064호], 2010.03.10.

도 아니다. 그 출발점은 중세 말과 현대 초 사이의 여명기의 계몽 운동, 현대 과학의 태동, 개인주의의 개화, 개인 재산 개념의 확립, 시장 자본주의의 형성, 민족국가의 탄생 등 "현대modernity"라는 제목이 붙는 사상과 관념이 확립되기 시작했을 때였다. -《유러피안 드림》115쪽

리프킨이 여기서 한 가지 간과하고 있는 사실이 있다. 그것은 유럽통합의 출발점을 중세 이후가 아닌 훨씬 이전인 로마 제국부터 1차 세계대전 또는 지금까지 이어져 온 유럽 왕실간의 유대에서 찾아야 한다는 것이다.[2] 유럽인들이 갖는 동질성의 기원은 로마제국27 BC~AD 476으로 거슬러 올라간다. 로마 제국은 지금의 지중해 인접 국가를 비롯해 영국과 독일을 포함한 서유럽 대부분의 지역을 통치했다. 또한 200년에 가까운 십자군 전쟁1095~1291 동안 유럽의 왕실과 귀족들이 선봉에 나서 연합군을 결성해, 십자가 깃발아래 유럽 왕실이 단결한 사건이다.

신성로마제국962~1806은 오늘날의 독일, 폴란드 동부, 체코, 오스트리아, 스위스, 리히텐슈타인, 슬로베니아, 네덜란드, 벨기에, 룩셈부르크, 프랑스 서부, 이탈리아 북부에 걸친 영토였고, 로마제국의 연속선상에서 라틴어를 공용어로 사용했다. 이처럼 유럽인들이 동질성을 느끼는 데는 통치 방식, 종교, 언어의 유사성에 있는데 또 다른 중요한 요소는 상위 지배층으로부터의 결속강화 방식인 왕실 간의 통혼에서 찾을 수 있다.

---

[2] 조명진, 유럽통합의 토대가 된 왕실통혼, EU Brief 2012년 4월호, SERI EU 센터.

왕실간의 통혼이란 역사적으로 두 나라의 화친이 목적이다. 유럽의 통혼이 동양의 그것과 다른 점은 양자 간 bilateral 통혼이 아닌, 여러 나라와의 동시다발적 통혼이었다는 점이다. 결국 유럽의 다각적 multilateral 통혼은 집권층 사이에 혈연에 의한 동질성을 느끼게 만들어 주었다.

유럽에는 현재 11개 국가가 입헌군주국 Constitutional Monarch 의 형태로 여전히 왕실이 존재하고 있는데, 입헌군주제의 특징은 왕은 군림하되 통치하지 않고, 정치는 의회민주주의에 의해서 내각이 맡는 것이다. 왕족 또는 귀족이 국가원수로 있는 나라는 안도라, 벨기에, 덴마크, 리히텐슈타인, 룩셈부르크, 모나코, 네덜란드, 노르웨이, 스페인, 스웨덴 그리고 영국이다.

통혼의 역사

[House of Habsburg]

1100년에 시작된 합스부르크가 House of Habsburg 는 1438년과 1740년 사이에는 오스트리아와 스페인뿐만 아니라 신성로마제국을 지배한 유럽 역사에서 가장 비중이 큰 왕실이었다. 합스부르크가는 왕실 간의 통혼을 통해서 지금의 오스트리아, 독일, 헝가리, 스페인, 포르투갈에 이르는 영토를 1780년까지, 6세기가 넘는 세월 동안 지배했다.

합스부르크가의 전성기와 비슷한 시기에 유럽에서 막강한 영향력을 행사한 메디치가 House of Medici 는 르네상스시대의 이탈리아를 대표하는 명가 名家 다. 메디치가는 메디치 은행을 세우면서 당시 유럽에서 가장

[House of Medici]

큰 금융기관으로 자리를 잡고, 유럽에서 가장 부유한 가문으로 등극했다. 메디치가는 이러한 재력을 바탕으로 정치권력을 행사했는데, 이 가문 출신으로 레오 10세, 클레멘트 7세, 레오 11세 등 3명의 교황을 배출했고, 딸들을 정략적으로 당시 유럽 각국의 주요 권력자들과 혼인시키는 소위 '혼인외교'를 통해서 프랑스, 스페인, 영국 왕실과 우호증진을 도모했다.

조반니 디 메디치 1360~1429 는 교황청의 재정 관리하는 은행가로서 성장했고, 그의 아들 코시모 디 메디치 1389~1464 는 민중의 지지와 상업 자본에 힘입어 정권을 장악하고 피렌체 공화국의 발전에 기여한 공으로 '국부國父'의 칭호를 받았다. 그는 유럽의 16개 도시에 은행을 세우는 한편, 아버지가 발판을 다져 놓은 교황청의 재정을 장악하여 막대한 부를 축적했다.

메디치 가의 황금기를 연 로렌쪼 메디치 1449~1492 의 손자 로렌쪼 2세의 딸 까뜨린느는 프랑스 앙리 2세의 왕비가 되었고, 7명의 자녀 중 세 아들이 왕위에 오르고, 큰 딸 엘리자베스 공주는 스페인 필립 2세의 왕비가 되었다. 코시모 1세 디 메디치 1575~1642 의 딸 마리아는 프랑스 앙리 4세의 왕비가 되었고, 1610년 남편이 암살당한 뒤 아들 루이 13세의 어머니로서 섭정을 펼쳤다. 앙리 4세는 부르봉 가 House of Bourbon 출신으로 첫 왕권을 잡았고, 이후 부르봉 왕가는 프랑스가 공화정을 선포하기 전까지 왕권을 이어갔다. 장녀 엘리자베스 공주는 스페인 필립

[House of Bourbon]

3세의 왕비가 되었고, 막내 딸 엔리타 마리 공주는 영국 찰스 1세 1600~1649 의 왕비로 만들었다.

영국의 헨리 7세 1457~1509 는 튜더 왕조 Tudor Dynasty 를 연 왕인데, 그의 아들 헨리 8세 1491~1547 는 자녀들을 정략적으로 당시 주요 권력자들과 혼인시켰다. 장남 아더 왕자는 스페인의 훼르디난드 왕의 딸인 아라곤의 케더린 공주와 결혼시켰고, 딸 마가렛 공주은 스코틀랜드의 제임스 4세에게 출가시켰고, 또 다른 딸 메리 공주는 프랑스 루이 12세의 왕비가 되었다.

하지만, 유럽에서 왕실간의 통혼이 상대국과의 평화를 항상 보장해 준 것은 아니다. 유럽 왕국들은 십자군 전쟁 이후 주도권 쟁탈을 위해서 많은 전쟁에 휘말렸다. 100년 전쟁 1337~1453, 카톨릭 구교과 프로테스탄트 신교 국가 간의 30년 전쟁 1618~1648, 크리미아 전쟁 1854~1856, 보불전쟁 1870-1871, 그리고 1차 세계 대전 1914~1918 이 대표적인 예이다. 이 전쟁들은 유럽 왕실 입장에서 보면 친인척 간의 싸움이었던 것이다. 그러면 현존하는 유럽 왕실의 통혼을 독일과 프랑스 혈통을 통해서 살펴본다.

삭스-코부르그 고타 가문 House of Saxe-Coburg and Gotha

영국 하노버 왕가와 프러시아 왕실의 관계는 빅토리아 여왕의 남편인 알버트 공이 프러시아 출신이라는 점에서 서로 돈독하다. 알버트 공은 프러시아의 삭스-코부르그 고타 가문 House of Saxe-Coburg and Gotha 출신

[House of Saxe-Coburg and Gotha]

이다. 신성로마제국에서 떨어져 나온 프로이샤 1701~1918는 프레드릭 1세 1701~1713에서 시작해서 1차 세계대전 이후 퇴위한 빌헬름 2세 1888~1918까지 지금의 독일 일대를 지배한 유럽의 강국이었다.

빌헬름 2세는 빅토리아 여왕의 아들 에드워드 7세의 조카다. 그리고 빅토리아 여왕의 손녀인 엘리자베스 페오도로브나는 러시아 황제 알렉산더 3세의 동생인 세르게이 알렉산드로비치 백작과 혼인을 통해 영국과 러시아 왕실의 우의를 돈독히 다졌으며, 1차 대전 당시 영국과 러시아는 동맹국으로 독일과 대전하였다.

[House of Windsor]

에드워드 7세는 삭스-코부르그 고타가 출신으로 처음 영국 왕위에 오른 사례인데, 이 가문은 알버트 공을 통해서 지금의 영국 왕실을, 그리고 네오폴드 1세 후손을 통해서 벨기에 왕실을 이어가고 있다. 영국 왕실은 조지 5세 재임기간에 1차 대전을 일으킨 독일에 대한 반감을 이유로 1917년 윈저 왕가 Windsor Dynasty로 이름을 바꾸었다. 조지 5세는 러시아 니콜라스 2세의 조카이고, 둘째 아들 조지 6세가 왕위를 이었다. 조지 6세는 현 영국 여왕 엘리자베스 2세의 아버지다.

베르나도뜨가문 House of Bernadotte

현 스웨덴 왕통인 베르나도뜨가 House of Bernadotte는 나폴레옹의 장군이

[House of Bernadotte]

었던 쟝 밥티스트 베르나도뜨Jean-Baptiste Bernadotte에서 시작된다. 프랑스 출신인 베르나도뜨 장군은 1818년에서 1844년까지 찰스 14세Charles XIV로서 스웨덴과 노르웨이 왕으로 재임하며 북유럽에 새로운 왕가를 열었다. 2대는 찰스 14세의 아들 오스카 1세이고, 찰스 15세의 외동딸 루이스 공주는 덴마크 프레드릭 8세의 왕비가 되었다. 찰스 15세는 네덜란드의 루이스 공주와 결혼하여 그 사이에 오스카 왕자를 두었고 오스카 2세로 왕위를 계승했다.

 찰스 15세의 손녀 메르타 공주는 노르웨이 울라프 5세의 왕비가 되었고, 또 다른 손녀 아스트리드 공주는 벨기에 레오폴드 3세의 왕비가 되었다. 베르나도뜨 왕가 6대손인 구스타프 아돌프 6세의 셋째 딸 잉그리드 공주는 덴마크 프레드릭 9세의 왕비가 되었고, 영국 빅토리아 여왕의 증손녀가 된다. 이와 같이 찰스 14세 이후 프랑스 혈통인 스웨덴 왕실의 공주들은 네덜란드, 덴마크, 노르웨이, 벨기에 왕가와 통혼하며 유럽 왕실간에 관계증진에 기여했다.

 현재 스웨덴 왕 칼 구스타프 16세Carl XVI Gustaf는 구스타프 아돌프 6세의 손자로서 1973년에 왕위에 올랐는데, 1972년 뮌헨 올림픽에서 통역을 맡았던 독일 평민 실비아와 결혼하여 1남 2녀를 두고 있다. 베르나도뜨가의 8대손인 장녀 빅토리아 공주는 왕위 계승 헌법 개정에 따라 왕위를 계승한다. 빅토리아라는 이름은 먼 고조할머니가 되는 영국의 빅토리아 여왕에서 따 온 것으로서 실제로 빅토리아 공주는 영국 왕위 계승 서열 194번째이다. 왜냐하면 빅토리아 공주의 할아버지인 구스타프 아돌프 공의 어머니가 빅토리아 여왕의 손녀이기 때문이다. 뿐만 아니라 빅토리아 공주는 브루봉 혈통인 스페인 카를로스 1세와 덴마크 여왕 마가레타 2세와도 친척관계가 된다. 이렇듯 유럽 왕실은 서로간의 통혼을 통해 서로 혈연관계로 얽혀있다.

유럽 왕실은 기독교 전통에 따라 유아 세례를 받는데 빅토리아 공주도 생후 2개월 되었을 때 왕궁 교회에서 세례를 받았다. 세례를 받을 때 대부와 대모는 신앙의 아버지와 어머니이기 때문에 매우 중요하다. 빅토리아 공주의 대부는 노르웨이 하랄드 5세와 외삼촌인 랄프 좀머라트가 맡았고, 대모는 네덜란드의 베아트릭스 여왕과 숙모인 데지레 공작부인이 되어주면서 왕실 간에 유대를 돈독히 하고 있다.

빅토리아 공주는 유럽 여러 왕실의 대모 역할을 하고 있다. 예를 들어, 노르웨이 알렉산드라 공주, 네덜란드 카트리나 아말리아 공주, 덴마크 크리스티안 왕자, 그리고 벨기에 엘레노오레 공주의 대모 노릇을 맡고 있다. 빅토리아 공주가 여왕이 되면 유럽 왕실의 여왕은 영국, 덴마크, 네덜란드에 이어 4명으로 늘어나게 된다.

왕실을 유지하고 있는 유럽국가들 모두 기독교 전통을 이어가고 있는 것이 공통점이다. 그런데 대다수 왕실 가족들은 세례식, 결혼식, 장례식 이렇게 평생 3번 교회를 가는 것으로 알려져 있다. 물론 장례식은 죽어서 가는 것이어서 실제 참석 횟수를 놓고 논쟁할 필요는 없겠다. 결론적으로 이야기해서, 유럽 왕실에서 기독교는 이제 종교로서가 아니라 문화와 관습으로서 존재하는 경우가 태반이다 [Tip 기독교와 유럽 참조].

[House of Hohenzollern]

　현존하는 유럽 왕실의 상당수 혈통이 독일과 프랑스계이지만 정작 이 두 나라에는 현재 왕실이 존재하지 않는다는 것은 흥미로운 사실이다. 독일의 경우, 1차 세계 대전 패전 후 빌헬름 2세가 군 지도부의 압력과 혁명 발생을 우려해 1918년에 자진 폐위함으로써 프로이시아를 지배해 온 호헨졸렌가House of Hohenzollern의 막을 내리게 되었다.

　프랑스는 절대왕정과 루이 16세의 실정과 불평등한 사회체제 등에 대한 시민들의 불만으로 1789년 프랑스 혁명이 일어났다. 그리고 혁명 이후 로베스 피에르의 공포정치, 그리고 나폴레옹의 쿠데타를 통한 황제 등극으로 프랑스 국민은 왕정에 대한 거부감을 갖게 되었고, 민주주의와 평등에 대한 욕구를 증대시킨 계기가 되었다. 결국 프랑스 왕실은 1830년 부르봉 왕가Bourbon Dynasty의 샤를 10세를 마지막으로 왕정정치의 종지부를 찍었다.

　이와는 대조적으로 영국 왕실이 지금까지 건재한 배경은 귀족과 평민들의 요구에 맞추어 공존의 방법을 찾아 온 전통 때문이다. 영국에서의 왕권은 1215년의 마그나 카르타Magna Carta-대헌장, 1628년의 권리청원Petition of Rights, 1689년의 권리장전Bill of Rights 등의 역사적 사건들을 통해서 축소되어 왔는데 이와 같은 일련의 역사적 사건들을 거치면서 합의적 정치풍토가 정착되어 온 것이다.

　비유하자면, 영국 왕실은 갈대와 같고, 프랑스 왕실은 고목과 같다고 할 수 있다. 갈대는 벼락을 맞아도 꺾이지 않지만, 버티고 서있는 고목은 부러지게 마련이다. 바람에 따라 흐르는 것이 어쩌면 순응이자 순리일 것이다. 바람에 맞서면 다치거나 쓰러지기 쉽다는 이치를 영국왕실은 이미 로마 제국의 4백 년 통치 속에서 터득한 것이라고 본다.

[House of Oldenburg]

현존하는 왕실 중 살펴 본 독일과 프랑스 혈통 이외에 덴마크계인 올덴부르그가 House of Oldenburg 있다. 현 덴마크와 노르웨이 왕실도 이 가문에 기원을 두고 있고, 영국 여왕 엘리자베스 2세의 남편인 필립공도 올덴부르그가 출신이다. 1974년 군사쿠데타에 의해서 추방된 이후 국외에서 망명 생활하고 있는 그리스의 콘스탄틴 1세도 이 가문 출신이다. 콘스탄틴 1세는 스페인 카를로스 1세와 결혼한 소피아 왕비의 남동생으로서, 그리스왕 바울 1세의 차남이다.

유럽 11개 입헌군주국가 중에 '미니 국가 mini-state'로 불리우는 네 개의 왕국이 있다. 룩셈부르크는 인구 47만의 대공국으로 2000년부터 앙리 대공 Grand Duke 이 국가원수로 있다. 리히텐슈타인은 스위스와 오스트리아와 국경을 맞대고 있는 인구 3만의 공국으로 1989년부터 한스 아담 3세가 통치하고 있다. 모나코는 프랑스와 이탈리아에 인접한 인구 3만 3천의 소국으로 그리말디가 House of Grimaldi 에 의해 1297년부터 통치해 온 공국이다. 모나코

[House of Grimaldi]

는 독립적인 주권 국가이지만 국방은 프랑스가 맡고 있다. 안도라는 스페인과 프랑스 사이 피레내 산맥에 있는 인구 8만의 공국으로 프랑스 대통령과 스페인 카탈루냐 지방의 교구인 우르겔의 주교가 공동영주 Co-Princes로서 지배하는 소국이다.

유럽에서 왕실 간의 통혼 전통은 영국 왕실에서 1937년 에드워드 8세가 심슨 부인과 결혼하면서 폐위된 적이 있지만, 모나코 레니에르 왕자가 1956년 미국 영화배우 그레이스 켈리와 결혼하면서 왕족과 평민이 결혼하는 전례를 남겼고, 최근 노르웨이와 스웨덴 왕실에서 보듯이 용납되는 관례로 바뀌었다. 특히, 2차 대전 이후 더 심화된 개인주의는 유럽 왕실에도 영향을 주어 정략적 결혼은 사라지고 자신이 선택한 상대를 배우자로 삼는 것이 보편적인 추세다.

위에서 살펴 본 유럽 왕실 11개를 포함해서 전 세계에는 총 44개 왕국이 있고 그 중에 16개 영연방Commonwealth 국가는 영국 여왕 엘리자베스 2세를 국가원수로 삼고 있다. 이들 16개 영연방 회원국은 안티구아, 호주, 바하마, 바베이도스, 벨리즈, 캐나다, 그레나다, 자메이카, 뉴질랜드, 파푸아 뉴기니, 세인트 키츠, 세인트 루시아, 세인트 빈센트, 솔로몬 군도, 투발루 그리고 영국이다. 참고로 아시아에 현존하는 왕실은 바레인, 부탄, 브루나이, 캄보디아, 일본, 요르단, 쿠웨이트, 말레이시아, 오만, 카타르, 태국, 그리고 아랍에미레이츠 등 13개 국가가 있고, 아프리카에는 레소토, 모로코, 그리고 스와질란드 3개 왕국이 있다.

스웨덴 빅토리아 공주의 결혼식을 통해 본 유럽 왕실의 결혼 트렌드

2010년 6월19일 스웨덴의 빅토리아 공주가 평민인 다니엘 베스틀링과 성대하게 결혼식을 올렸다. 빅토리아 공주의 아버지 구스타프 국왕이 1976년 독일의 평민 실비아와 결혼한 같은 날짜였고, 장소도 스톡홀름 대성당으로 같았다. 스웨덴에서는 36년 만에 열린 왕실 결혼식이라는 점과 빅토리아 공주의 결혼 상대가 평민 출신이라는 점이 화제가 되었다. 세계적으로는 1981년 영국의 찰스 왕세자와 다이애나의 결혼식처럼 장차 스웨덴 여왕이 될 공주의 결혼식이라는 점에서 주목되었다.[3]

물론 2001년 노르웨이 올라브 왕세자는 아이가 있는 미혼모와 결혼해 화제가 되었고, 2002년 네덜란드의 알렉산더 왕세자는 아르헨티나의 평민 출신 막시마와 결혼했다. 2004년 스페인의 펠리페 왕세자는 TV 앵커우먼 출신인 레티시아와 결혼해서 세인들의 관심을 받았다. 같은 해 덴마크 프레데릭 왕자는 이혼녀와 결혼을 하는 등 유럽 왕실은 더 이상 결혼 상대를 귀족이나 다른 국가 왕실에서 찾지 않는 경향을 보인다. 즉, 정략적인 결혼은 사라지고 자신이 선택한 상대를 배우자로 삼는 것이 유럽 왕실의 보편적인 추세이다.

왕위를 이을 빅토리아 공주와 평민 다니엘과의 만남이 결혼으로 이어진 것에 대해서, '개구리를 왕자로 변신시킨 키스'처럼 현대판 동화 같은 이야기라고 묘사하기도 한다. 당초 구스타프 스웨덴 국왕은, 자신이 1976년 독일의 평민 출신과 결혼했음에도, 장녀가 헬스클럽 사장과

---

[3] 조명진, 유럽왕실, '평민 결혼' 새 트렌드, 시사저널 [1080호], 2010.06.30.

결혼하는 것을 강력하게 반대했었다고 전해진다. 다니엘은 2002년 빅토리아의 개인 트레이너를 맡은 것이 인연이 되어 사귀게 되었지만, 2004년에는 국왕의 반대가 극심해서 잠시 결별하기도 했다.

하지만 빅토리아 공주의 끈질긴 설득에 결국 굴복하고 만 구스타프 국왕은 결혼 전에 조건을 걸었다. 바로 평민 다니엘이 왕자로 변신하기 위한 프로젝트에 성실히 따라야 한다고 제안한 것이다. 이 프로젝트의 팀장은 왕실 의전 부수석인 얀 에릭 바렌 준장이 맡았다. 왕자 만들기 프로그램은 영어 · 독일어 · 프랑스어와 같은 외국어를 집중 교습하고 스웨덴 왕실의 역사와 정치학 수업을 통해 교양을 쌓는 것. 동시에 홍보회사를 통해 의상과 헤어스타일을 바꾸는 과정을 거쳤다.

결혼식에는 유럽의 아홉 개 국가 노르웨이· 덴마크· 벨기에· 네덜란드· 룩셈부르크· 리히텐쉬타인· 영국· 모나코·스페인 왕실이 축하 사절을 보냈다. 덴마크의 마가레타 여왕, 노르웨이의 하랄드 국왕, 벨기에의 알베르트 국왕 등 스웨덴과 이웃 국가로서 전통적으로 통혼 관계가 있어 먼 친척 관계인 유럽 왕실 가족이 초청되었다.

영국 왕실 대표로는 엘리자베스 여왕 대신 에드워드 왕자 부부가 참석해서 체면치레를 했다. 왕위 계승 서열 1위인 찰스 왕세자 부부나 2위, 3위인 윌리엄 왕자나 해리 왕자가 참석하지 않았기 때문이다. 빅토리아 공주 결혼식 당일 영국의 두 왕자는 남아공월드컵을 즐기고 있었다.

유럽 왕실 이외에 요르단의 압둘라 왕과 라니아 왕비, 일본의 나루히

토 왕세자와 마사코 왕세자비도 참석해서 빅토리아 공주의 결혼식을 세계 왕실의 축하 행사로 만들어주었다. 초청을 받은 하객들 가운데는 왕실로서 자국에서 군림하고 있지 않은 왕가도 있었다. 그리스의 콘스탄틴 왕과 불가리아의 시네온 왕, 옛 유고슬라비아의 알렉사이 왕자, 루마니아 마가레타 공주가 그들이다.

더불어 귀빈 중에는 독일의 프로이센 호헨졸렌가의 후손인 요한 게오르그 왕자와 1961년 결혼한 스웨덴 아돌프 구스타프 왕의 딸 비르키타 공주가 있었다. 왕실 인사 이외에 국가 원수로는 스웨덴과 같은 스칸디나비아권에 속한 핀란드와 아이슬랜드 대통령만 초청되었다.

눈길을 끈 스웨덴 재계 인사로는 다국적 의류 업체인 H&M의 칼 페손 회장이 빅토리아 공주와 개인적인 친분으로 초청되었고, 세계 재계에서 막강한 영향력을 행사하고 있는 스웨덴 최고의 명가名家 발렌베리 가문의 야곱 발렌베리 SEB은행 회장과 인베스토㈜ CEO 마르쿠스 발렌베리가 참석해서 왕실과 발렌베리 가문의 긴밀한 관계를 확인시켜 주었다. 흥미로운 것은 영국 왕실의 주요 행사에서처럼 유명 배우나 스포츠 스타는 이번 결혼식 초청자 명단에 없었다는 점이다.

평민과 결혼한 빅토리아 공주가 스웨덴 여왕에 오르면 유럽 왕실의 여왕은 영국의 엘리자베스 2세86세, 덴마크의 마가레타 2세71세, 네덜란드의 베아트리스83세에 이어 네 명으로 늘어나게 된다. 이미 여왕이 군림하는 이 3개국의 왕위를 모두 왕자들이 계승할 예정이어서, 향후 스웨덴 왕실만이 유럽에서 유일한 여왕을 둔 나라로 남게 될 예정이다.

영국 왕실과 프랑스의 불협화음

제2차 세계대전의 전세를 역전시켜 승리의 발판이 된 역사상 최대의 상륙작전인 노르망디 상륙작전이 성공한 지 2009년 6월 6일을 기해 65주년을 맞았다. 매년 이 날이 되면 승전국인 미국, 영국, 프랑스, 캐나다의 국가원수들이 참석하는 연례행사가 벌어진다. 물론, 패전국인 독일과 이탈리아는 이 행사에서 열외이다.

그런데 2009년 행사는 전례 없는 일이 벌어졌다. 프랑스 정부가 영국 국가원수인 엘리자베스 2세 여왕을 초청하지 않은 것이다. 이것을 두고 유럽 외교가에서는 여러 가지 소문들이 돌았다. 먼저, 사려 없는 말과 행동으로 구설수에 종종 오르고 있는 사르코지 대통령이 영국 여왕이 참석하면 자신이 행사의 주최국임에도 불구하고 자신의 존재가 부각되지 않을 것을 의식해 일부러 초청하지 않았다는 말이 있다.

이런 소문에 대해서 프랑스 정부는 일축하면서 영국 정부에 초청장을 보냈지만 전달되지 않은 것이라고 반박했다. 이 말은 브라운 수상이 일부러 초청장을 전달하지 않았다는 것이 된다. 결국 두 나라는 양국 관계에 커다란 외교 문제로 비화될 것을 걱정했는지 경위를 파악하는 조치 없이, 의전 관례상 좀처럼 있기 어려운 일이지만, 행사 3일전 어느덧 환갑이 지난 찰스 황태자가 참석하는 것으로 일단락 지었다.

그런데 행사날 우스운 장면 두 가지가 있었다. TV카메라는 사르코지 대통령보다 객석에 참석한 영화 〈라이언 일병 구하기〉의 주연 배우 톰 행크스를 더 많이 비추었다. 결국 사르코지 대통령은 자신이 스포트 라이트를 받지 못해서 인지 주인host임에도 오바마 대통령보다 먼저 자리를 뜨는 결례를 범했다. 잔치에 손님을 초대하고는 손님들이 돌아가기도 전에 잔치의 주최자가 먼저 집으로 가버린 모양이 된 것이다.

그러고 보니 노르망디 상륙 65주년 기념행사에 VIP로 참석한 사르코지 대통령 55년생, 오바마 대통령 61년생, 찰스 황태자 48년생, 브라운 수상 51년생, 그리고 하퍼 캐나다 수상 59년생 은 모두 2차 대전 이후에 태어난 전후 세대들이다.

노르망디 상륙작전 성공 65주년 기념행사에 초청받지 못한 83세의 엘리자베스 여왕 1926년생 은 이번 행사를 버킹검 궁전에서 지켜보면서 혼자 말로 아마도 이렇게 말했을 지도 모를 일이다. "니들이 2차 대전을 알아, 노르망디를 알아?"

노블레스 오블리주

노블레스 오블리주 Noblesse Oblige 는 프랑스어로 '귀족의 의무'를 뜻한다. 특권층으로서의 부, 권력, 명성은 사회에 대한 책임과 함께 행사하여야 한다는 의미로 쓰인다. 이 단어가 영어가 아니고 프랑스어인 점에 주목할 필요가 있다. 영국 왕실과 귀족은 역사적으로 노블레스 오블리주를 성실히 실천한 것으로 평가 받는다. 그러니 굳이 그런 단어를 일부러 영어로 만들어 쓸 필요가 없었던 거다.

영국왕실의 노블레스 오블리주 실천의 대표적인 예는 바로 전쟁 시에 솔선수범하여 앞장서서 참가한 왕실과 귀족들의 모습에서 나타난다. 또 한 가지 중요한 것은 영국 왕가와 귀족, 그들이 참전한 많은 전쟁에서 승리했다는 것이다. 스페인 무적함대를 물리친 드레이크 제독,

트라팔가 해전에서 승리를 거둔 넬슨 제독, 그리고 워털루 전쟁에서 승리를 거머쥔 웰링턴 장군이 그 예이다. 상대적으로 프랑스는 전쟁에서 패한 경우가 더 많다. 전쟁에서 패하고 돌아온 귀족에 대한 국민들의 시선은 곱지 않을 수밖에 없었다.

전쟁의 성패와 관련하여 어떤 경우에 가장 존경을 받게 되는지 4지선다형으로 물어본다.

1 전쟁에 지고 살아 돌아온 경우
2 전쟁에 지고 죽어서 돌아온 경우
3 전쟁에 이기고 살아서 돌아온 경우
4 전쟁에 이기고 죽어서 돌아온 경우

답은 4번이다.

노량해전에서 승리하고 전사한 이순신 장군처럼 드레이크 제독도 해전에서 이겼지만 전사했다. 전사한 두 인물은 역사에 빛나는 이름으로 기억되고 있다. 1번에서 4번으로 내려 갈수록, 존경받는 강도는 점점 더 높아지는 것으로 보면 된다. 더불어 '노블레스 오블리주'가 프랑스에서 나온 이유를 이제 알았으리라 여긴다. 바로 프랑스 국민들이 왕실과 귀족에 대해 소리친 요구이며 귀족들의 자성에서 나온 표현인 것이다.

1952년에 즉위한 영국 여왕 엘리자베스 2세의 둘째 아들 앤드류 왕자는 1982년 영국이 아르헨티나와 벌인 포클랜드 전쟁에 전투헬기 조종사로 참전했었다. 이러한 전통은 여왕의 손자들인 윌리암과 해리 왕자로 이어지고 있다. 윌리암 왕자도 전투헬기 조종사 훈련을 받고 있고, 언론에 보도된 것처럼 해리 왕자는 이라크 전쟁과 아프간 전쟁에 참전했었다. 이런 점에서 영국왕실은 '노블레스 오블리주' 실천의 좋은 본보기가 되고 있다.

2009년 말 영국의 윌리암 왕자는 노숙자들의 고통을 직접 경험하기 위해 하룻밤을 거리에서 노숙자들과 똑같이 지내는 체험을 했다. 해리 왕자의 전쟁 참전과 윌리암 왕자의 '거지 왕자' 연출은 왕실의 은근한 바람인지, 본인들이 자청한 것인지 내막은 확실히 알 수 없는 일이지만, 한 가지 확실한 것은 이런 사실들이 언론을 통해 잘 포장되어 공개된다는 사실이다.

또 다른 좋은 예로서 2011년 '세기의 결혼'이후 영국인들의 사랑을 받고 있는 윌리암 왕자의 부인 케이트 미들턴은 영국 언론의 영순위 취재 대상이다. 2012년 엘리자베스 2세 여왕이 즉위 60년을 기념하는 해에 미들턴은 영국 왕실의 대중적 인기상승에 촉매제 역할을 하고 있는 것은 사실이다.

영국 언론은 미들턴은 3월 19일 어린이병원의 자선 치료시설 개소식에서 첫 대중 연설 임무를 성공적으로 마쳤다고 호평했다. 덧붙여 대중들이 관심을 끈 것은 그녀가 입은 검소한 옷차림이었다고 보도하며, 왕실 며느리답지 않은 고급 맞춤옷을 거부하고 기성브랜드의 할인상품을 즐겨 입는 검소한 모습에 대중들이 지지를 보내고 있다고 강조했다. 영국 언론은 한 술 더 떠 이제는 미들턴의 외부 행사에 참석할 때마다 어떤 브랜드의 옷이고, 가격은 얼마인지까지 자세하게 소개하고 있다.

미들턴은 이날 어린이 병원의 인사말에서 "오늘 남편 윌리엄 왕자가 포클랜드에서 군 임무를 수행하느라 함께 참석하지 못해 유감이다."라고 언급하며 영국 왕실의 '노블레스 오블레주'한 모습을 대중들에게 상기시켰다. 영국 언론은 엘리자베스 여왕은 손자며느리로서 왕실 이미지 개선에 기여하는 미들턴에 대한 깊은 신뢰를 보이고 있다고 친왕실적 보도에 공을 들이는 인상이 역력하다.

영국왕실의 홍보실에서 언론에 '빨대'를 넣어주는 지 아니면 언론에서 알아서 '빨대'를 꽂는 지는 밝혀진 바 없다. 아무튼 여러 측면에서 영국 왕실은 갈대와 같이 부드러우나 꺾이지 않고 면면히 이어 온 '경쟁력 있는' 왕실임에 틀림없다는 생각이 든다.

Tip 기독교와 유럽

313년 '밀라노 칙령(Edict of Milan)'으로 로마제국이 기독교를 공인한 이래로 지금까지 약 1700년 간 기독교는 유럽인들의 삶의 푯대로서 그리고 문화의 구심점으로서 역할을 해왔다. 초기 기독교의 수장인 교황은 예수 그리스도의 12제자 중 수제자인 성 베드로(St. Peter)를 1대 교황으로 시작해 256번째 교황인 지금의 베데딕트 16세에 이른다. 교황 위치는 1929년 라테란 조약(Lateran Treaty)[4]이 체결될 때까지, 황제와 유럽 각국의 왕들 위에 군림할 정도로 막강한 정치 권력을 행사했었다.[5]

르네상스는 중세시대까지 이어진 기독교 중심의 생활을 인간 중심의 생활로 옮겨 놓았다. 계몽주의자들은 이러한 인본주의를 'Progress(발전 또는 진보)'라고 해석한다. 하지만 그 해석은 신본주의적 견지에서 보면 세속적인 것이다. 그리스의 고전을 다시 탐독하는 문예 부흥 운동인 르네상스는 개인주의사상을 담고 있어 마키아벨리가 1513년에 쓴 《군주론(The Prince)》에서 보듯이 인간의 권력에 대한 탐욕을 정당화했다. 결국 이러한 사조는 기독교계마저 세속화하는데 일조했다.

돈을 주고 표를 사듯이, 돈을 내면 구원을 받는 '면죄부' 판매로 교회의

---

[4] 1929년 이탈리아 정부와 교황 피우스 11세 사이에 체결된 조약으로 교황이 정치에 영향력을 행사하지 않고 종교적인 사안에만 전념한다는 내용을 담고 있다.
[5] 조명진, 종교보다 문화로 명맥 잇는 유럽 기독교, 시사저널 [1070호], 2010.04.21.

부패가 정도를 넘어서자, '종교개혁자들(Reformers)'[6]이라 불리우는 깨어있는 양심의 성직자들은 정의를 바로 세우기 위해 침묵하지 않았다. 1517년 마틴 루터[7]는 95개조의 반박문을 공표하며 그 당시 기독교의 문제인 '면제부'에 대해서 비판했고, 이는 종교개혁의 시발점이 되었다. 당시의 교황 레오 10세는 메디치 가문 출신인 로렌쪼 디 메디치의 둘째 아들로서, 세속적인 교황은 루터의 성직을 박탈했다. 당시 세속화된 로마 교황청은 강력한 통치기반을 확보한 영국이나 프랑스, 스페인보다는 분열된 독일에서 더 많은 재정적 착취를 자행했다.

종교개혁은 순탄치 않았다. 기존 카톨릭(구교)과 프로테스탄트(신교)는 오랜 기간 충돌했고, 혁명을 일으키거나 전쟁까지 치루었다. 그 대표적인 예가 프랑스의 위그노교도들(Huguenots)과 구교 간의 전쟁인 위그노 전쟁과 영국의 청교도들(Puritans)이 일으킨 청교도 혁명이다. 프랑스의 위그노 교도(프랑스의 칼빈주의 프로테스탄트)들은 메디치 가 출신의 왕비 까뜨린느 디 메디치(Catherine di Medici)의 박해를 받고, 종교의 자유를 찾아 1570년대에 스위스, 네덜란드, 독일 등지로 피신했다. 영국의 청교도들은 영국의 왕 제임스 1세 통치하에 박해를 피해 종교의 자유를 찾아 1620년 메이 플라워호를 타고 신대륙 아메리카로 떠나 그 곳에 정착했다.

그러고 보면, 종교개혁이라는 새로운 시대를 여는 개혁을 반대한 세력은

---

[6] 대표적인 종교개혁자들로 쯔빙글리(Zwingli), 루터(Luther), 그로씀(Grossm), 멜란크톤(Melanchton), 칼빈(Calvin), 바이스(Weise), 요아킴 2세(Joachim II), 프로이센(Preussen) 등이 있다.

[7] 마틴 루터(1483~1546)는 그 당시 라틴어로만 되어있던 성경을 독일어로 번역해서 일반인들도 성경을 읽을 수 있게 만드는데 지대한 공헌을 한 것은 사실이다. 하지만, 유대인들이 메시아인 예수를 십자가에 못박은 장본인들이라는 점에서, 1543년에 발행된 그의 저서《유대인들과 그들의 거짓에 대해서: Von den Juden und Ihren Lügen (On the Jews and Their Lies)》에서 나타난 루터의 반유대인적(anti-Semitism) 주장들이 나치에 의해서 정치선전으로 이용된 점은 역사적 논란거리로 남는다.

금권에 의해서 권력을 잡은 메디치 가문이다. 메디치 가문 덕에 화려한 르네상스가 전개 된 것도 사실이지만, 세속적인 메디치가에서 배출된 교황과 왕비는 종교를 인간 중심의 권력행사의 도구로 전락시켰던 것이다. 그리고 산업혁명 이후 자국 선교사들이 포교활동 중 현지에서 처형당하는 경우, 군사적 개입을 정당화하는 명분이 되었다. 즉 자국 종교인을 보호한다는 미명하에 신민제국주의의 야욕을 펼칠 수 있었던 것이다.

한편, 유럽에서 기독교의 문화적 기여는 건축 그리고 그림 및 조각에서 두드러지게 나타난다. 유럽의 3대 성당인 바티칸의 성 베드로 성당, 독일 쾰른 대성당, 런던 세인트 폴 성당에서 보듯이, 유럽의 도시마다 성당이나 교회가 자리 잡고 있고, 그곳이 바로 지역사회의 중심으로 광장을 형성했다.

그리고 성당 내부는 성경을 테마로 한 그림들과 조각들로 채워졌다. 대표적인 예가 미켈란젤로(1475~1564)가 시스티나 예배당(Sistine Chapel) 천장에 그린 〈천지창조〉와 〈최후의 심판(The Last Judge ment)〉이다. 이 그림은 메디치가 출신의 교황 클레멘트 7세(Clement VII)의 의뢰에 의한 것이었다.

동시에 왕실과 함께 교회는 음악 발달에도 기여했다. 궁중음악과 더불어 종교음악은 현재 서양 음악의 큰 비중을 차지하고 있다. 예를 들면, 헨델은 1710년 하노버 왕가의 조지 공의 음악 책임자가 되었는데, 조지 공은 1714년에 영국 왕 조지 1세로 등극했다. 헨델의 대표적인 교회음악으로는 1741년 런던에서 작곡한 〈Messiah〉가 있다. 바흐는 1747년 프리드리히 대제를 위한 곡으로 〈The Musical Offering〉을 증정했고, 라이프치히에서 1727년 작곡한 고전 교회음악의 대작으로 꼽히는 〈St. Matthew Passion〉을 비롯한 많은 종교음악을 남겼다.

볼프강 모차르트의 아버지 레오폴드는 신성로마제국의 일부였던 잘츠부르크의 궁중 음악 책임자였고, 그의 아들 모차르트가 작곡한 600여 곡 중에는 수 없이 많은 종교음악이 포함되어 있는데, 그 중에서 1791년 비엔나 근교의 휴양지인 바덴에서 작곡한 곡 〈Ave verum corpus, K.618〉는 그곳 교회의 성가대를 위해 작곡한 곡이다. 베토벤은 1796년 베를린 방문 중에 빌헬름 2세를 위해서 첼로 소나타 두 곡 〈Cello Sonata No. 1, No.2 Opus 5〉를 선사했고, 자신의 교회음악곡 중에 〈Christ on the Mount of Olives〉를 1803년에 작곡했다.

카톨릭(구교), 프로테스탄트(신교) 그리고 유대교의 공통점은 유일신인 하나님을 믿는다는 점이다. 그런데 30년 전쟁에서는 유럽 카톨릭 국가와 프로테스탄트 국가 간에 총칼을 겨누며 싸웠고, 2차 대전에서는 기독교도들은 유대인들을 학살했다. 이런 전쟁들을 볼 때 종교는 인간에게 명분이고 구실이었지, 성경의 가르침을 실천하는 참된 신앙이 아니었던 것이다.

종교의 본질이 퇴색되는 것은 인본주의로 흘러갈 때이다. 신앙으로서의 종교의 모습은 조물주에 대한 피조물의 숭배이다. 하지만 현대 개인적 자유주의는 피조물을 위해 존재하는 조물주로 종교를 문화와 전통으로 전락시켰다. 절대자의 위치를 인간의 편의에 맞추는 양상이다.

르네상스 이후 기독교의 타락을 초래한 인본주의처럼, 21세기 유럽의 비뚤어진 성(性) 풍조는 성경이 죄악시하는 동성애와 로마 제국 말기의 현상인 아동 성추행이 성직자에 의해 자행될 정도로 도덕적 타락을 보이고 있다. 바로 영국 성공회와 아일랜드 카톨릭 교회가 여기에 해당되어 비난을 받고 있다.

이에 대하여 중세 종교개혁자들처럼 자성의 목소리를 내고 징계조치로 맞서는 성직자들이 있는 것은 다행한 일이지만, 시간이 갈수록 기독교계 내에서조차 비판의 소리는 무뎌져만 가고 있다.

유럽에서 종교로서 기독교 신앙을 지키는 사람들의 수는 점점 줄어들고 있다.[8] 하지만 성탄절, 부활절, 성령강림절이 서유럽 대부분의 나라에서는 공휴일로 자리잡고 있는 사실에서 보듯이, 경건의 모양은 있으나 경건의 능력은 부인하는, 즉 신앙의 내용은 없고 형식만 존재하는 경우가 허다하다. 이제 유럽의 기독교는 일부에게만 종교로 남아있을 뿐, 대부분의 유럽인들에게 문화와 전통으로서 그 명맥을 이어가고 있는 것이다.

---

[8] 리프킨의 《유러피언 드림》에 따르면, 미국인의 절반이 매주 교회에 나가는데 반해 네덜란드, 영국, 독일, 스웨덴, 덴마크 국민의 10퍼센트 미만이 한 달에 한 번 정도 예배에 참석한다.

Tip
발렌베리 가문 Wallenberg Family

'발렌베리 가문을 모르면 스웨덴을 모르는 것이다!' 라고 할 정도로 발렌베리 가문은 스웨덴에서 중요한 위치를 차지한다. 안드레 오스카 발렌베리는 1856년 스톡홀름 엔실다 은행(SEB·Stockholm Enskilda Bank, 훗날 스칸디나비스카 엔실다 은행으로 개명)을 창업했다. 이것이 이후 150년을 이어온 발렌베리 그룹의 태동이다. 발렌베리 가문에서는 SEB의 야콥 발렌베리 회장과 인베스토의 마르쿠스 발렌베리 회장이 빌더버그 그룹의 멤버다. 2차 대전 때부터 발렌베리가는 아게 파르벤(AG Farben), BMW, 라인메탈(Rheinmetall) 같은 독일방위 산업체와 긴밀한 네트워킹을 유지해 왔다.

  스웨덴 국왕 카알 쿠스타프 16세와 발렌베리가문의 지주회사 ㈜인베스토(Investor AB) 소유인 에릭손(Ericsson)의 회장은 개인적인 친분이 돈독하다. 이 왕실 네트워크를 통해서 발렌베리 가문은 유럽왕실과도 줄이 닿고 있다. ㈜인베스토가 대주주인 사브(SAAB)는 30퍼센트 지분을 갖고 있는 유럽 최대의 방산업체 BAE Systems와 사업제휴를 통해서 1999년 그리펜 전투기의 공동 마케팅을 남아공에 성공시켰다. 체코와 헝가리에 그리펜 전투기를 임대하기로 한 것도, 발렌베리가의 네트워크가 총동원된 결과이다.

  2차 세계대전 이후 최대의 홀로코스트(Holocaust-유대인학살) 기념 국제행사가 2000년에 스톡홀름에서 개최된 것도 발렌베리 가문의 후원에 의해서 이루어진 것이다. 발렌베리 가의 대외 활동은 크누트 알리스 발렌베리재단(Knut Alice Wallenberg Foundation)을 통해서 이루어진다.

2003년 7월, 당시 이건희 삼성그룹 회장과 아들 이재용 삼성전자 상무, 이학수 구조조정본부장이 스웨덴을 방문했다. 이 회장의 해외출장은 늘 있는 일이지만, 이재용 상무와 이학수 본부장이 동행하는 것은 전례가 드문 일이었다. 당시 방문의 목적은 스웨덴 최대 재벌인 발렌베리가(家) 연구였다. 이건희 회장 일행은 스웨덴 체류기간에 마르쿠스 발렌베리 회장을 비롯해 발렌베리 그룹의 주요 임원들과 면담하며 새로운 경영 및 기업지배 시스템에 대해 논의한 것으로 알려졌다. 이 무렵부터 삼성그룹은 공식·비공식적으로 삼성이 추구하는 이상형은 발렌베리 가문이라고 지목해왔다. 1856년 창업 이래 5대에 걸쳐 오너경영을 유지해온 대표적 세습경영 가문이 한국에서 새롭게 주목받게 된 계기였다.

발렌베리 가문은 1938년 이래 집권당인 사회민주당(SDP)과 특별한 관계를 유지해왔다. 복지사회 실현을 가능케 한 발판이 이 두 집단의 협력이었다고 해도 과언이 아닐 정도다. 노동조합을 지지기반으로 장기 집권해 온 사민당과, 대를 물리며 전략산업에서 기업활동을 해온 발렌베리 가문의 안정된 공조체제야말로 스웨덴 모델의 핵심이다.

한국적 시각으로 보면 '정경유착'이라고 비판할 만도 한데, 스웨덴의 국민여론은 오히려 발렌베리 가문에 경의를 표하는 쪽에 가깝다. 5대에 걸친 성공적인 세습, 그럼에도 계속되는 국민의 지지. 이쯤 되면 삼성이 왜 발렌베리를 부러워하는지 짐작할 만하다. 발렌베리 가문이 이렇듯 독특한 방식으로 스웨덴을 이끌 수 있었던 배경은 무엇이며, 발렌베리 그룹의 정체는 무엇인지 살펴본다.

제2차 세계대전의 격랑에서 스웨덴이 중립을 지킬 수 있었던 데에는 발렌베리 그룹의 경영진이 기여한 바가 크다. 이 시기 창업주의 손자인 야콥 발렌베리 1세는 영국을, 형제인 마르쿠스 발렌베리 2세는 나치 독일을 맡아 사업관계로 맺어진 커넥션을 이용해 협상을 벌여 스웨덴을 전쟁에 휘말리지 않게 했다.

그 과정에서 1939년 4월 스웨덴 사민당은 독일의 침공을 피하기 위해 나치 독일의 리벤트로프 원수에게 스웨덴이 철강 공급을 중단하는 일은 없을 것이라고 확약했다. 이 약속의 막후에는 독일 보슈그룹(Bosch Group)과 친밀한 관계인 마르쿠스 발렌베리 2세가 있었다. 전쟁 후 발렌베리 가문은 나치 독일에 협조했다는 오명을 피할 수 없었지만, 전쟁의 소용돌이에서 스웨덴을 건져낸 점에 대해서는 국민에게 '할 말'이 있었던 셈이다.

전쟁 이후에도 발렌베리 가문의 행적에는 비난받을 대목이 적지 않았다. 우선 SEB는 제2차 세계대전이 끝날 무렵 보슈, 이게 파르벤(IG Farben), 크룹(Krupp) 같은 독일 기업들이 연합군에 재산을 몰수당하지 않도록 공모한 사실이 있다. 한편으로 발렌베리 가문은 나치 독일과의 커넥션을 이용해 중요한 정보를 연합군에 제공하기도 했다. 이렇듯 중립을 위한 스웨덴의 이중성은 주변 스칸디나비아 국가들로부터 맹공을 당하는 빌미가 된다.

이후 냉전시기에도 발렌베리 그룹의 교묘한 행보는 지속됐다. 전투기에서 잠수함에 이르는 첨단무기를 자체 생산하는 방위산업 능력을 갖춘 스웨덴은 이를 바탕으로 북대서양조약기구(NATO) 국가들과 소련 사이에서 중재 역할을 담당했다. 이들 첨단 방산업체들은 앞서 살펴본 대로 모두 발렌베리 그룹 휘하에 있었다.

팔메 수상을 필두로 독자적 중립 외교정책을 추진해온 사민당 지도자들은 비동맹국가를 지지할 뿐만 아니라 강대국의 횡포를 공개적으로 강도 높게 비난했다. 알제리가 프랑스로부터 독립하는 방안을 지지했고, 미국의 베트남전 개입과 소련의 체코 침공을 모두 비난했다.

하지만 같은 시기에 스웨덴 방산업체인 사브와 보포슈는 유럽과 인도로 전투기와 곡사포 수출 판로를 넓히는 데 열중했다. 발렌베리 그룹의 핵심 기업 중 하나인 아틀라스 코포스의 굴착기는 1970년대 초반 북한에 수출

된 적이 있다. 이들 기계는 비무장지대 인근에서 남침용 땅굴을 파는 데 쓰였다. 1973년 스웨덴과 북한이 상대국에 대사급 공관을 설치한 배경에 발렌베리 가문이 있었다는 것은 외교가에서는 공공연한 비밀이다. 이렇듯 발렌베리 그룹의 사업상 이해관계는 반핵, 반전, 비동맹 운동에 앞장선 스웨덴 정부의 공식적인 중립 외교정책과 부합하지 않는 '이중성'을 갖고 있었다.

흥미로운 것은 발렌베리 가문의 사업 중 하나인 호텔과 연회 부분이다. 1874년 개업한 스톡홀름의 그랜드 호텔은 건물 자체가 국가 문화재로 간주될 만큼 설계가 뛰어나다. 그랜드호텔의 지명도는 이 호텔이 노벨상 수상자들이 묵는 곳이라는 사실로도 금방 알 수 있다. 발렌베리 가문이 호텔업을 하는 것은 단순히 돈을 벌기 위한 것이 아니라, 국제적인 명사들과 커넥션을 만드는 장으로 삼기 위해서다. 인맥 형성과 관리가 사업 성공의 주된 요소라는 것을 오래 전부터 간파해왔음을 알 수 있다.

세계적인 기업을 운영한다는 것은 세계적인 기업가들과 친분을 나눌 수 있음을 의미한다. 기업의 위상에 걸맞게 국제적 역할이 있는 셈이다. 발렌베리 가문 또한 자국 외교에 직접 관여하는 이탈리아의 피아트 그룹처럼 사업 커넥션을 이용해 각국의 중요 인사들에게 영향력을 행사한다. 그 가운데서도 발렌베리 가문은 빌더버그 그룹과 국제상공회의소(ICC·International Chamber of Commerce)를 통해 각국 기업가나 정치인과의 대화채널을 열어놓는 일에 꾸준히 힘을 쏟고 있다. 스웨덴이 빌더버그 그룹의 주된 모임장소인 것만 봐도 빌더버그 그룹에서 발렌베리 가문이 차지하는 비중이 얼마나 큰 지 짐작할 수 있다.

앞서 밝혔듯이 빌더버그 그룹과 함께 발렌베리 가문이 힘을 쏟는 모임으로는 국제상공회의소(ICC·International Chamber of Commerce)가 있다. ICC는 유엔 및 각국 정부조직과 유기적 관계를 맺고있어 막강한 국제적 압력단체로 자리잡은 지 오래다. 그뿐만 아니라 ICC를 통한 커넥션은 어떤 커넥션보다 공신력이 있는 것으로 평가받는다. 빌더버그 그룹이 극소수의 제한된 국제 저명인사들의 사조직이라면, ICC는 정상적 국제통상을 저해하는 해상범죄, 상업범죄 등을 없애는 데 주력하며, 기업경영을 뛰어넘은 영역으로까지 영향력을 확대하고 있다.

2008년 이후로 ICC 명예회장인 마르쿠스 발렌베리는 2006년에 ICC회장을 역임한 바 있다. 그는 현재 SEB은행, 사브, 일렉트로룩스 회장직을 겸임하고 있다. 발렌베리 가문은 ICC에 가장 막강한 영향력을 행사해 왔다. 마르쿠스 발렌베리의 할아버지인 마르쿠스 발렌베리 1세와 현재 인베스토의 명예회장인 피터 발렌베리 1세가 1965-67년과 1989-90년에 각각 ICC 회장을 역임했다. 한 재벌가에서 ICC 회장을 세 번이나 맡은 사례는 발렌베리 가문뿐이다.

Tip	왕과 나

1988년 서울올림픽에서 필자는 스웨덴 국왕 칼 구스타프 16세의 의전 통역을 맡는 영예스런 기회를 가졌다. 서울올림픽에 스웨덴 국왕이 친히 참석한 이유는 차기 올림픽(1994년 동계올림픽)에 스웨덴 후보 도시인 외스테순드(Östersund)를 지원하기 위해 IOC위원들을 직접 접촉하기 위함이었다. 서울올림픽에 참석한 왕실 VIP로 당시 세계승마협회 회장을 맡았던 영국의 앤 공주가 있었고, 국왕으로서는 스웨덴의 칼 구스타프 16세가 유일했다. 스웨덴 국왕의 방한 일정 동안에 청와대 경호팀과 그림자 수행을 함께 한 것은 스웨덴 왕실 경호팀과 청와대 경호팀 사이의 유기적인 의사소통까지도 의전 통역의 역할 중 하나였기 때문이었다.

여기서 말하고 싶은 것은 스웨덴 왕실의 비권위적 모습이다. 앞서 바이킹 전통으로 뷔페(buffet)가 스웨덴에서 시작되었고, 이는 윗상, 아랫상 가리지 않고 큰 상에 다 같이 먹는 '평등주의(egalitarianism)'의 상징임을 언급했었다. 그런데 구스타프 국왕의 의전 통역을 하면서 느낀 것이 바로 왕의 권위를 내세우지 않는 모습을 통해 스웨덴을 다시 보게 된 것이다. 실례로, 이태원에 쇼핑을 나간 적이 있었는데, 구스타프 국왕이 구입한 물건들을 '전하(His Excellency)' 손수 들고 다니는데도, 시종무관이든 비서실장이든 아무도 쇼핑백을 들어주겠다는 제의를 하지 않는 것을 보고 필자는 무척 놀랬다. 하지만 정작 왕실 사절단 일행은 아무렇지도 않은 모습이었다.

또 한 번은 공연장의 무대 앞에 스웨덴 왕을 위한 특별 테이블을 마련하고 구스타프 국왕 전용으로 일인용 의자를 정 가운데 준비했는데, 정작 국왕은 시종무관을 그 자리에 앉으라고 하고 전하는 이인용 소파에 앉기를 자청했었다. 스웨덴 전 합창의장이었던 비서실장 레나트 융 장군은 거기에 대해서 소령 계급의 시종무관을 나무라거나 제지하지도 않았다. 더불어 스웨덴 경호원으로부터 들은 얘기 중에 스웨덴 왕의 비권위적인 모습 중 하나는 스톡홀름에서 왕실 리무진을 구스타프 국왕이 손수 운전하려는 경우가 많아서 경호에 애를 먹는다는 것이었다.

스웨덴에 살면서 인상적인 기억은 영국이나 한국의 경우, 대학 교내 식당에 교수식당과 학생식당이 구분되어 있으나, 스웨덴 대학은 한 구내식당에서 총장부터 학생까지 모두 함께 줄을 서서 음식을 받고 식사를 하는, 계층을 구분 짓지 않는(class-less) 사회라는 것이었다. 이런 관찰에 덧붙여, 서울 올림픽 때 칼 구스타프 국왕을 의전 통역한 경험을 통해서 왕실조차도 탈 권위주의적 모습을 갖고 있다는 사실을 보고 신선한 충격을 받았다.

그런데 스웨덴 입장에서는 안타깝게도 칼 구스타프 16세 스웨덴 국왕의 지원에도 불구하고, 1994년 동계올림픽은 노르웨이 릴레하머에서 유치했다.

THE EUROPEAN PANDORA

THE EUROPEAN PANDORA

제5장

유럽 통합의 미래

유럽 통합에 대한 평가와 전망은 긍정적인 것과 부정적인 두 가지로 나뉜다. 먼저 이탈리아 출신인 하버드 대학 정치경제학과 석좌교수인 알베르트 알리시나와 이탈리아 보르코냐 경제학 교수 프란체스코 지아바치가 공저한 《유럽의 미래》에서 유럽 통합을 분열된 양상의 통합 노력으로 다음과 같이 보고 있다.

　　전통적으로 유럽 통합을 이루는 데 관계된 사람들의 균열은 소위 정부 간 협력주의자intergovernmentalsim와 연방주의자federalism의 충돌에 그 원인이 있었다. 전자는 유럽을 독립 정부들 간의 경제적 통합과 협력 시스템으로 보는데, 연방주의자는 진정한 정치적 연방으로서 일종의 유럽합중국을 생각한다. 전자 그룹은 전통적으로 프랑스와 영국을 포함하고, 후자 그룹은 많은 독일 정치인들과 일부 이탈리아인, 일부 스페인인, 많은 군소국가들, 그리고 유럽집행위원회가 있는 브뤼셀에 근무하는 행정사무관으로 이루어진 이른바 유럽연합관료Eurocrat를 포함한다. 두 견해 사이의 긴장과 서로 다른 25개국의 연합을 이루는 일의 내재적 어려움은 제도 마련 기간을 오래 걸리게 했고 또 비틀리고 꼬이게 만들었다. 166쪽

여기서 짚고 넘어가야 되는 부분은 정부간 협력주의자에 해당되는 국가군에 영국과 더불어 프랑스를 넣었다는 점이다. 프랑스를 독일과 함께 더 긴밀한 통합체로 운영하고자 하는 연방주의자로 보는 것이 일반적인 통설이다. 따라서 프랑스를 영국 같은 EU의 주변국으로 보는 이 두 이탈리아 교수들의 시각은 동의할 수 없는 부분이다.

이와 달리 미국 출신의 리프킨은 《유러피언 드림》에서 유럽 통합의 진전에 대해서 "유러피언 드림은 대담하게도 새로운 '합synthesis'을 만들어 냈다. 다원적인 시각 및 다문화주의에 대한 포스트모던적인 감수성에다 인류 전체의 새로운 비전을 통합한 것이다."라고 표현한다. 유럽 출신 학자들은 유럽 통합의 과정을 부정적으로 보고 있는데, 미국 학자 눈에는 유럽 통합의 진전을 역사의 커다란 비전으로 보고 있다는 차이점이 흥미롭게 다가온다.

리프킨이 여기서 말하는 '유러피언 드림'은 유럽 통합이고, 구체적으로 확대되고 있는 유럽연합EU의 실질적 영역과 함께 초국가적 협력체의 운영을 뜻한다. 이 초국가적 협력체인 유럽연합EU의 모체가 된 것은 1951년 유럽석탄철강공동체ECSC의 설립이었다. 독일과 프랑스의 석탄과 철강을 공동관리하면 유럽에서 또 다른 전쟁이 발생하지 않을

것이라는 안정 장치를 마련한 것이 실질적인 유럽 통합의 토대이다. 즉 유럽 통합은 과거의 잘못을 반복하지 말자는 취지에서 지난 1000년 동안의 전쟁, 유혈 충돌 등의 종식을 목표로 한다.

1957년 유럽경제공동체EEC 성립을 위한 로마 조약의 전문은 "해묵은 적대 감정을 기본적 이익의 통합으로 대체하고, 경제 공동체를 확립함으로써 유혈 분쟁으로 오랫동안 분열되어 온 민족들 사이에서 더 넓고 깊은 공동체의 기반을 만들고, 이제부터 함께 할 운명의 방향을 제시할 수 있는 제도적 기초를 마련하는 것이 로마 조약의 원대한 꿈이다."라고 쓰여 있다.

그렇게 시작된 유럽 통합은 1992년 마스트리트 조약으로 유럽연합EU으로 발전하고, 공동외교안보정책CFSP·Common Foreign and Security Policy을 포함해 회원국 정부 간의 협력을 확대하고, 1999년 단일 통화인 '유로'를 도입하기에 이른다. 리프킨은 《유러피언 드림》에서 유럽통합의 역사적 의미를 다음과 같이 부여하고 있다.

> EU를 고안한 것은 대단한 위업이다. EU는 국가가 아닌데도 국가처럼 행동한다. 무엇보다 중요한 것은 EU가 한정된 영토를 바탕으로 하는 실체가 아니라는 사실이다. EU는 회원국들의 영토 내에서 발생하는 활동을 조정하고 규제하기는 하지만 자체적인 영토권이 없다. EU는 영토 범위를 벗어난 통치 체제다. EU는 진정한 포스트모던 통치 체제로서는 처음이다. EU의 정통성은 영토의 지배나 과세 권한, 또는 경찰 및 군 동원력에 있는 것이 아니라 보편적 인권을 기반으로 규정과 법령, 그리고 지

방, 지역, 국가, 국제, 세계 차원의 여러 행위자들 사이의 끊임없는 대화와 타협 과정에 의해 움직이는 행동 규범에 있다.

리프킨이 2005년에 발행된 이 책에서 유럽 예찬론을 펼쳤는데, 불과 10년도 지나지 않아서 이 같은 예찬론은 공허하게 들릴 수 있다. 왜냐하면, 2008년 금융위기 이후 유럽연합은 유로화를 쓰는 유로존 국가들의 재정위기로 연쇄적으로 흔들리고 있기 때문이다.

유로화의 도입

유럽연합EU에서 사용하고 있는 공용 통화인 유로가 도입된 지 2009년을 기해 10년이 되었다. 먼저 국가별 통화를 포기하고 단일 통화를 쓰게 된 실질적인 이유를 설명하여 이해를 돕도록 한다.

영국의 〈파이낸셜 타임즈〉는 환전과 관련하여 1993년에 흥미로운 실험을 했다. 영국에서 100파운드pound를 갖고 출발하여, EU 회원국을 돌면서 각국 화폐로 환전을 해 본 것이다. 네델란드의 길더gulden, 덴마크의 크루네krone, 독일의 마르크mark, 이탈리아의 리라lira, 스페인의 페세타peseta, 그리스의 드라크마drachma, 포르투갈의 에스꾸도escudo, 아일랜드의 파운드pound, 그리고 프랑스, 벨기에, 룩셈부르크에서는 각각 프랑franc으로 바꾸고 다시 영국에 돌아왔을 때 남은 돈은 60파운드였다고 한다. 참고로 말하자면, 1995년 스웨덴, 핀란드, 오스트리아 3개 회원국이 가입하기 전, EU 회원국 수는 위의 12개국이었다.

다른 용도로는 쓰지 않고 그저 환전만 하고 12개국을 돌았는데 그

결과 환율 상의 손해와 수수료로 인해 잘려나간 금액이 전체의 40퍼센트를 차지한 것이다. 이렇게 볼 때, 단순히 관세만 철폐한 상태로 무역을 하는 '단일 시장' Single Market은 제대로 성과를 거둘 수 없음을 보여준 것이다. 환전에 의한 비용 손실이 없는 무역이 가능하다면 수출형 제조업체들은 더 바랄 나위가 없다. 그런 점에서 EU 최대의 경제대국이자 제조업의 강국 독일이 유로화 도입에 가장 적극적이었던 것은 당연한 것이었다. "유로는 독일 마르크의 다른 이름이다."라는 말이 나온 것도 이런 배경 때문이다.

유로화 등장의 역사적인 배경을 보도록 한다. 단일 통화의 도입은 1970년의 베르너 보고서 Werner Report에 기초한다. 이 보고서가 작성된 시점은 '공교롭게도' 브레튼우즈 체제 Bretton Woods System가 무너지는 때와 일치한다. 즉, 달러를 더 이상 금환본위제로 하지 않기로 한 시점에 새로운 화폐가 등장한 것이다. 내가 '공교롭게도'라고 한 것은 타이밍에 있어서 "우연이 아니다."라는 의미이다. 즉, 심증은 가는데 물증이 없어, 완곡하게 표현한 것이다.

그러면 혹자는 '음모론' conspiracy theory을 제기할지도 모르지만, 필자는 '음모론' 대신 '계획론'이라는 표현으로 논쟁을 빗겨 가련다. 그래도 의문을 제기하는 독자가 있을 지도 모른다. 따라서 2008년에 출간된 필자의《세계 부와 경제를 지배하는 3개의 축》을 인용한다.

유로화 도입의 의미는 단순히 새로운 통화의 등장이 아니다. 왜냐하면 유로화가 도입되기 전에는 달러를 대신할 만한 실질적인 화폐가 없었지만, 유로화는 달러를 세계 기축화폐로서의 자리를 대신할 화폐로 등장했기 때문이다. 2002년 1월 1일이 세계 금융 역사에서 중요한 날로 기록되어야 하는 이유는 바로 여기에 있는 것이다.

유로화의 도입이 갖는 또 다른 의미는 유럽중앙은행ECB이 프랑크푸르트에 자리잡았다는 사실이다. 프랑크푸르트는 세계를 움직이는 보이지 않는 큰 손 중에 하나인 로스차일드 가문이 금융업을 시작한 곳이다. 그런데 프랑크푸르트가 달러를 대신할 기축화폐의 본거지로 정해진 사실에 대해서 어떤 언론도 언급이 없었다. 1대 로스차일드가 5형제를 런던, 비엔나, 로마, 파리 그리고 프랑크푸르트에서 활동하게 해서 유럽의 자금 줄을 쥐도록 만든 지 150년의 세월이 흘러, 세계의 자금 줄이 될 새로운 기축화폐를 들고 금의환향 한 것이다.

비록 단일 통화 정책을 수립하는 역할을 하는 유럽중앙은행의 의사결정은 아주 비밀스럽고 운영방식은 느슨하다는 비판을 받고 있지만, 로스차일드를 위시한 빌더버그 그룹의 서구자본가들의 영향력은 유로화의 도입으로 절정기를 맞고 있다. 유럽통합을 주도한 막후세력으로서 이들 대자본가 집단은 단일시장을 만들고 단일 헌법을 만들게 하고, 공동 외교 안보정책을 세우게 하고, 이젠 유로화의 도입으로 단일 통화 정책을 실현하여 '세계를 하나의 정부로 통치한다' 는 그들의 원대한 꿈의 서장을 연 것이다. 55~57쪽

역사적 배경으로 다시 돌아와서, 유로화는 1999년부터 국제 외환시장에서 전자화폐Electronic Money로 거래되는 2년 간의 준비기간을 거쳐

마침내 2002년 1월 1일을 기해 통용되기 시작했다. 다시 말해, 32년의 준비기간을 거쳐 유로화가 사용되기 시작한 것이다. 오래 준비하는 것은 유럽인들의 특징인데, 신속하지 못해 답답한 면은 있지만, 실제로 실용화 단계에서 예상되는 시행착오를 그 만큼 줄인다는 점에서 신뢰가 가는 면이 있다.

한편, 조지 소로스는 자신의 저서 《유로의 미래를 말한다》에서 '유로화는 애초부터 불완전한 통화였다'고 다음과 같이 지적한다.

> 유로화는 공통의 중앙은행이다라는 사실을 내세웠지만 공통의 재무기관이 없다는 약점을 안고 있었다. 이는 현재 금융시장이 필요로 하는 국가적 지원을 의미하며, 유로화 창설 시 이 부분은 간과되었다. 이것이 바로 현 위기의 중심에 유로화가 자리잡게 된 배경이다. 유로화 참여국들은 공통의 통화를 공유하지만 국가 신용 문제에 있어서는 서로 구분되어 있다. 130쪽

유로화의 창시자 중 한 사람인 오트마르 이싱Otmar Issing은 단일 통화가 만들어진 원칙에 대해서 유로화는 통화 공동체Common Monetary Union를 형성하기 위해 만들어진 것이며 정치적 공동체Common Political Union를 지향한 것이 아니라고 밝힌 바 있다. 이 말은 범 EU 차원에서 유로존에 가입한 국가들이 같은 통화를 사용하지만, 세금 부과는 회원국 개별적으로 한다는 의미이다. 이 점을 들어 조지 소로스는 '유로화 창시는 분명히 잘못된 시도였다'고 단정짓는다.

금융체제가 붕괴의 위험에 처할 경우 중앙은행이 유동성 liquidity 을 제공할 수는 있지만 지급능력 solvency 문제를 다룰 수 있는 것은 재무기관이라는 점에서 소로스의 지적은 일리가 있다. 소로스는 유럽의 제도적 장치가 중요하다고 보고 있기 때문에 유로화의 미래를 어둡게 보는 것이다. 반면 필자는 소로스와 달리 유럽 통합을 이끌어 온 힘은 공생의 방법을 찾는 회원국 간의 컨센서스와 공동체 의식에 바탕을 둔 연대감이라고 본다. 그러므로 유로화의 문제는 EU의 기구적인 메커니즘이 아닌 정치적 결단들에 의해서 문제의 해결점을 찾을 것이다.

한편, 미국 달러가 기축통화로서의 위상을 유지하는 데는 많은 난관이 있다. 먼저 미국 경제가 견실하지 않는 상황에서는 달러의 가치를 유지하기 힘들다. 중국, 러시아, 일본 등 달러 보유국들의 태도와 달러 방출 타이밍도 중요한 문제이다. 이들 달러 보유국들이 조용히 유로를 대체 통화로 바꾸고 있다는 사실에서 유로는 이미 기축통화의 위상을 차지한 것과 다름이 없다.

2007년 슬로베니아가, 2008년 사이프러스와 몰타가, 그리고 2009년부터 슬로바키아가 합류하여 유로화를 쓰는 유럽통화동맹 EMU 회원국이 17개국으로 늘었다. 그리고 2013년 크로아티아가 가입하면 18개국으로 확대된다.

장미빛 같았던 유럽의 미래에 먹구름이 점점 넓게 드리워지고 있는 양상은 부정할 수 없는 실제 상황이다. 그렇다고 해서 이런 일들이 유럽통합의 종말을 예고하는 것은 아니다. 장기적인 관점에서 봤을 때, 현재의 격변은 과도기로 기록될 것이다.

EU 확대와 터키 가입 문제

6개 회원국 프랑스, 독일, 이탈리아와 베네룩스 3국 으로 출범한 유럽통합의 대열에 1973년 영국, 덴마크, 아일랜드가, 1981년 그리스가, 그리고 1986년 스페인과 포르투갈이 합류함으로써 12개 회원국을 가진 유럽공동체 European Community: EC 로 확대되었다.

　1989년 베를린장벽 붕괴를 기점으로 불어온 변화의 파장은 소련연방과 바르샤바조약기구의 해체를 불러왔다. 결과적으로 냉전의 양극상황에서 유럽통합의 조류를 타는데 주저했던 핀란드, 오스트리아, 스웨덴은 더 이상 중립정책을 고수하지 않고, 1995년 유럽연합에 가입함으로써 회원국은 15개국으로 늘어났다. 2004년 5월 1일을 기해 유럽연합은 10개 유럽국가를 새로운 회원국으로 맞았는데, 구 바르샤바 조약기구의 회원국이었던 체코, 폴란드, 헝가리, 슬로바키아와 발트 3개국 에스토니아, 라트비아, 리투아니아 그리고 사이프러스, 몰타가 바로 신규 회원국들이다.

　그리고 2007년 1월을 기해 불가리아와 루마니아가 새로운 EU 회원국이 됨으로써 회원국수가 27개국으로 늘어났다. 그리고 여전히 EU 확대는 진행형으로써 새로운 회원국 후보들과 가입 협상을 진행하고 있다. 그런 국가 가운데 가장 오래된 후보국가인 터키의 EU 가입 전망은 여전히 불투명하다.[1]

　나토 회원국인 터키는 이미 1959년에 유럽연합 EU 의 전신인 유럽경

---

[1] 조명진, 팽창하는 EU, 터키에는 '좁은 문', 시사저널 [1057호], 2010.01.20.

제공동체European Economic Community: EEC에 준회원 신청서를 제출했고, 1987년에 정회원 신청을 한 바 있으며, 1999년에 EU 정회원국 신청을 한 상태이다. 그런데 2004년에 나토의 적성국가였던 바르샤바 조약기구 회원국인 폴란드, 헝가리, 체코, 슬로바키아와 발트 3국, 그리고 2007년에 불가리아와 루마니아가 EU 회원국이 되었음에도 불구하고, 냉전 시기부터 EU 가입을 원했던 터키는 아직도 유럽통합의 주류에 동참하는 데서 제외되고 있다. 과연 터키의 EU 가입을 막는 장애물들은 무엇인가를 살펴본다.

첫째, 터키 영토 내에 거주하는 쿠르드족에 대한 그간 터키의 비 인도적 행위들은 EU 내에서 인권 문제로 제기되면서 이는 터키가 EU 회원국이 되는 걸림돌이 되고있다. 둘째, 2001년 9·11사태를 시발점으로 EU 내 불거지는 반 이슬람정서는 이슬람 국가인 터키의 EU 가입에 또 다른 장애물이다. 실제로, EU 회원국 중에 프랑스, 네덜란드, 벨기에는 터키의 가입에 노골적으로 반대의사를 표하고 있다. 셋째, 2006년부터 해결되지 않은 역사적인 사건인 아르메니아 문제가 대두된 것이다. 넷째로 사이프러스에 대한 영토분쟁으로 터키와 관계가 불편한 그리스 특히, 사이프러스의 반대가 또 다른 장애물이 되고 있다.

터키 입장에서 EU가 터키를 가입시킴으로써 생기는 이점으로 중동과 유럽을 잇는 가교 역할, 새로운 시장, 에너지 이동 허브 등이 있다고 설득해왔다. 그러나, 터키의 EU 가입을 반대하는 회원국가들은 터키가 빈곤하고, 문화적으로 다른 EU 국가들과 지나치게 이질적이라는 점을 지적하고 있다. 다시 말해, 유럽 문화의 주류는 기독교 문화인데, 터키는 이슬람 문화권이라는 점을 에둘러서 표현한 것이다.

프레스토위츠는 2005년 그의 저서《부와 권력의 대이동》에서 EU 확대를 논하며, 터키와 더 나아가 러시아까지 유럽통합의 물결에 합류할 수 있다는 낙관적 유럽통합을 전망한 바 있다. 하지만, EU 확대에는 한계가 있다. EU 27개 회원국의 총 인구는 4억 8,000만 명인데, 저출산율로 인해 앞으로도 별다른 증가세를 보이지 않을 전망이다. 현재 EU에서 가장 인구가 많은 나라는 독일로 8,200만 명이며 이 가운데 350만 명이 터키 이민자들이다. 게다가 최근 통계에 의하면 독일 인구는 2002년에 최고점을 찍은 이후로 점차적으로 줄어들고 있는 추세여서 터키 인구에 독일이 추월되는 시점은 2020년 보다 더 빨리 이를 것으로 전망하고 있다. EU 회원국들이 터키의 EU 가입에 부정적인 것은 종교적인 이유 외에 인구 문제도 따른다.

2009년부터 발효된 EU 신 헌법은 회원국의 인구대비에 따른 의사결정권을 '이중과반수제도 double majority voting system'에 근거를 둔다. 이 제도에 따르면 인구 8,200만 명의 독일에 170표, 3,800만 명의 폴란드에 79표, 1,000만 명의 헝가리에 21표, 40만 명의 몰타에 7표가 주어진다. 이런 관계로 EU는 터키에게 인구 비중에 걸맞게 독일, 프랑스, 영국, 이탈리아 등 EU 메이저 회원국이 누리고 있는 지위를 부여할 수는 없다는 입장이다.

터키는 지난 2009년 12월 말 브뤼셀 회의에서 EU 가입 희망 의사를 다시 한 번 밝혔으나, 사이프러스 문제가 여전히 가장 큰 걸림돌로 작용하고 있다.

터키의 서남부에 위치한 사이프러스는 현재 터키계 북사이프러스와 그리스계 남사이프러스로 분단되어 있으며, 북사이프러스가 대외적으로 인정을 받지 못한다는 이유로 터키는 남사이프러스로 하여금 터키의 항구와 공항을 이용하지 못하도록 했다. EU는 이러한 조치를 취하하라고 터키에 요구하고 있으나, 아직까지도 이에 대한 합의점을 도출하지 못하고 있는 상황이다.

터키는 그리스가 지원하는 쿠데타를 이유로 삼고 1974년 사이프러스에 침공했고, 북 사이프러스에 지금도 3만의 병력을 주둔시키고 있다. 이런 관계로 2004년에 EU 회원국이 된 사이프러스가 터키의 신규 회원국 가입에 대해서 거부권veto을 행사할 수 있다는 점에서 사이프러스와의 문제를 해결하지 않고서는 터키의 EU 가입은 요원해 보인다.

EU 집행이사회는 매년 '유럽문화의 수도European Capitals of Culture'를 지정하는데, 2010년에 독일의 루르, 헝가리의 펙스, 그리고 터키의 이스탄불을 선정했다. 유럽연합 정회원이 아닌 터키가 유럽문화의 수도 행사를 시작하는 것은 이례적인 일이다. 이를 두고 정식 회원국은 아니지만 신성로마제국의 수도였던 이스탄불구 콘스탄티노플이 유럽문화 역사의 찬란한 일부임을 알리기 위함이라는 표면적 해석과 함께, 실제 내막은 정회원으로 받아 주기에는 걸림돌이 많아 이렇게라도 터키에 우호적임을 보여야 하는 EU 지도부 내 친 터키 성향인사들의 배려(?)로 풀이할 수 있다. 결국 터키는 유로비전과 유럽축구연맹UEFA 회원국인 사실만으로 '유럽'에 속한다고 위로해야 할 듯 하다.

그리스 재정 위기

소로스는 《유로의 미래를 말하다》에서 그리스 재정 위기의 발단 배경을 이렇게 설명한다.

> 유로화에 공통의 재무기관이 없다는 사실을 모두가 분명히 인식할 수 있었던 것은 리먼 브라더스 파산 이후였다. EU 회원국의 재무장관들은 어느 한 사건으로 인해 금융체제 전반이 붕괴 위험에 빠질 수 있는 중요 금융기관이 채무불이행 사태에 이르지 않도록 하기 위해 함께 노력하기로 합의했다. 그러나 범 유럽 공동 보증을 제공하는 안에 대해서는 독일이 반대했기 때문에 각국이 개별적으로 자국 은행을 관리해야 했다. 금융시장은 처음에는 EU 재무장관들의 약속에 도취되어 그 차이를 인식하지 못했다. 2010년 들어서야 금융시장은 유로존 내에서 국가 부채가 늘어나고 있다는 사실을 우려하기 시작했다. 그리스의 새 정부가 출범하면서 전 정부가 거짓 발표를 했으며 2009년 적자가 제시된 수치보다 훨씬 크다는 사실이 밝혀지자, 그리스는 이러한 우려의 중심에 위치하게 되었다. 131~132쪽

유럽연합EU과 국제통화기금IMF은 2010년 5월에 1차 구제 자금으로 그리스에 1천 70억 유로를 제공했다. 10월 EU 정상회담에서는 2차 구제 자금으로 1천 90억 유로를 지원하기로 합의했다. 그리스 재정 위기

의 문제는 이것이 끝이 아니라 '끝의 시작'이 되고 있다는 점이다.[2]

2011년 11월 9일 사퇴를 발표한 파판드레우 총리는 "그리스는 가난한poor 국가가 아니라 '엉망으로 통치된poorly-administered' 국가이다."라고 말한 적이 있다. 자기 성찰의 객관적 진단으로 들리지만, 그리스가 위기에 직면한 이유 중에는 파판드레우 총리를 포함한 정치 리더십의 무능과 탈법도 마다 않는 도덕적 해이도 포함된다.

알려진 대로 그리스는 2002년 유로존에 가입하기 위해 재정 적자 규모가 GDP국내총생산의 3퍼센트 미만이어야 한다는 조건을 맞추려고 골드만삭스의 도움을 받아 회계 장부를 조작한 바 있다. 2010년 기준으로 그리스의 실제 부채 규모는 3천 5백 50억 유로로 GDP인 2천 4백억 유로의 1백 60퍼센트를 차지했다. 이러한 사기를 자행한 그리스에 대해서 2020년까지 적어도 4천 4백억 유로를 쏟아부어야 한다면, 독일을 비롯한 여타 유로존 국가 국민들이 완강하게 반대하는 입장을 이해할 만하다.

그리스 정부는 2012년 부패를 퇴치하는 차원에서 1만 5천 건에 이르는 3백 70억 유로 규모의 탈세 리스트를 만들었다. 2010년 그리스 정부의 세입이 9백 억 유로인 점을 감안하면 정부 수입으로 들어와야 할 막대한 세금이 새 나가고 있었던 것이다. 탈세에 관한 실례로 그리스는 유럽에서 가장 많은 선박을 소유하고 있지만, 다른 국가의 국기를 달고 항해함으로써 그리스의 선박 소유자는 그 누구도 세금을 내지 않

---

[2] 조명진, 그리스 위기는 끝 아닌 '끝의 시작', 시사저널 [1152호], 2011.11.16.

는다. 바코야니스 전 그리스 외무장관은 2011년 11월 7일자 독일 주간지 〈슈피겔〉과의 인터뷰에서 그리스 정부 시스템을 전격적으로 개편하지 않으면 그리스에 미래가 없다고 말했다.

그리스 부채를 50퍼센트 탕감해 주는 내용을 담은 EU 구제 패키지에 대해서 파판드레우 총리가 국민투표를 요구하겠다고 한 것은 국내에서 신임도를 높이기 위한 정략적인 목적이었다. 하지만 그 발표는 여타 EU 회원국들에게 충격을 주고 분노를 산 커다란 실책이었다. 사실 어떤 유럽 정부도 긴축 정책과 예산 삭감 문제를 국민투표에 부치지는 않는다.

2011년 11월 4일 프랑스 깐느에서 열린 G20 정상회의 석상에서 파판드레우 총리는 참석자들로부터 국민투표 발표에 대한 설명을 요구받았다. 그 자리에서 그는 국민투표의 목적은 그리스가 유로존에 남을지 탈퇴할지를 묻는 것이라고 설명했다. 그런데 다음 날 아테네에 돌아간 그는 G20에서 그렇게 말할 의도는 없었고, 다만 구제책의 조건에 대해서 국민적인 의견을 묻는 것이 국민투표의 목적이라고 번복했다.

뿐만 아니라 베니젤로스 재무장관조차 국민투표를 지지한다고 했다가, 국회에서는 반대한다고 말을 바꾸었다. 게다가 과도 연립 정부의 핵심을 맡게 될 '새 민주주의New Democracy 당'의 당수인 사마라스도 EU가 요구하는 구제책의 긴축 정책에 대해서 반대한다고 했다가, 그 구제책이 국회 승인을 받기를 원한다고 번복하는 모습을 나타냈다. 그리스 정치인들이 이처럼 일관되지 않은 입장을 보여주고 있어, 그리스 정부에 대한 여타 유로존 회원국의 불신은 더욱 증폭되었다.

독일의 경제 전문가이자 뮌헨에 있는 경제연구소 IFO의 소장인 한스 베르너 신 씨는 〈슈피겔〉과의 인터뷰에서 그리스의 구제 방안은 소용 없으며, 그리스 본래의 화폐인 드라크마로 환원하는 것이 그리스의 국가 이익을 위해 좋을 것이라는 주장을 폈다. 신 소장은 그리스가 드라크마를 44퍼센트 평가절하하면, 그리스 물가는 터키 수준이 될 것이라고 말하며, 그렇게 되면 그리스 상품은 다시 팔리기 시작하고 해외 관광객들도 그리스를 찾을 것이라고 전망했다. 그는 "이미 부유한 그리스 사람들은 재산을 오래전에 해외로 빼돌렸다. 그 자금들은 그리스가 경쟁력을 되찾을 때만 돌아오게 된다."라고 역설했다.

또한 '외국 은행들과 정부들이 이미 그리스에 대출해 준 자금은 사라지는 것이 아닌가, 그 모든 손실이 감당할 만한가'라는 질문에 대해서 신 소장은 "채권자들은 투자한 금액의 절반은 잃게 된다. 하지만 그 정도의 손실은 이미 감수하기로 받아들인 상태이다."라고 답했다. 결론적으로 신 소장은 그리스가 유로를 포기하게 되면, 무역 흑자를 볼 수 있어 빚을 갚을 수 있지만, 그렇지 않을 경우에는 지속적으로 외국에 의존적으로 될 것이라고 경고했다.

만약 그리스를 살리기 위해서 추가 구제 자금이 책정된다면 이탈리아와 스페인은 구제할 수 없는 상황에 처하게 된다. 재정 위기를 막기 위한 유럽 금융 안정 기금 EFSF·European Financial Stability Facility이 가진 자금 여력의 한계를 볼 때, 밑 빠진 독에 붓기에는 유로존이 가지고 있는 물의 양도 한정적이라는 사실이다.

더욱이 그리스의 GDP는 2011년 6퍼센트 감소했고, 내년에 추가로

2.5퍼센트가 줄어들 전망이다. 즉, 그리스는 재정 위기에서 빠져나올 자생력조차 부족하다. 따라서 그리스의 파산이 빠르면 빠를수록 유로존에 대한 부담이 줄어든다는 결론에 도달한다. 이제 그리스의 파산은 초읽기에 들어갔다. 더불어 그리스의 유로존 탈퇴는 EU 회원권마저 보장할 수 없게 된다.

스웨덴과 유로화

1995년 스웨덴을 포함한 오스트리아, 핀란드의 유럽연합EU 가입이 성사되었다. 하지만 함께 EU 회원국이 된 오스트리아와 핀란드는 유로화를 도입했는데, 스웨덴은 도입하지 않았다. 게다가 유로존에 속한 남유럽 나라들이 국가 부도와 재정 파탄의 풍랑 속에 떨고 있는 반면 스웨덴은 순항하고 있다. 이러한 점에서 유로존 밖의 EU 회원국인 스웨덴은 흥미롭다.[3]

17개국이 들어 있는 유로존 밖의 10개 EU 회원국은 국민투표에 따라 '선택'을 한 경우와, 가입하기를 희망하지만 준비가 안 된 경우로 나뉜다. 상황은 다르지만, 비非유로존 국가들의 공통점은 유로를 사용하지 않는 국가로서 EU의 결정권 행사에서 제외되지나 않을까 하는 우려이다.

물론 이같은 우려는 스웨덴도 예외는 아니다. 2011년 12월 3일자 〈이코노미스트〉는 유로존이 재정 적자로 고뇌할 때, 스웨덴은 유로를

---

[3] 조명진, 스웨덴, 유로 사용 기로에 서다, 시사저널 [1156호], 2011.12.14.

채택하지 않았기 때문에 성공적으로 경제를 꾸려나가 다행스러운 경우라고 평가했다. 사실 2003년 스웨덴은 유로를 사용할 것인지, 아닌지 찬반을 묻는 국민투표에서 투표 참가자의 56퍼센트가 반대함으로써 유로존에 들지 않았다. 당시 기업 경영자들은 유로 사용에 적극 찬성하는 입장이었다. 하지만 다행스럽게도 현재 유로존 정부 채권의 이자율이 높아진 반면, 스웨덴의 10년 상환 채권은 1.7퍼센트까지 떨어졌다. 독일 채권보다 0.5퍼센트 이상이 낮은 양호한 수치이다.

스웨덴 정부는 1990년대 초반 금융과 주택 버블에 고생한 쓰라린 기억을 갖고 있다. 이 때문에 아주 강력한 긴축 정책을 펴, 국가 재정이 국내총생산GDP에 비해 0.1퍼센트 흑자를 보이고 있다. 2008년 금융 위기 이후 스웨덴의 수출은 감소했지만 크루나화의 약세에 힘입어 수출세를 회복했다. 스웨덴은 2010년 5.7퍼센트의 경제 성장을 보였고, 올해에도 4.4퍼센트의 성장을 이어갈 전망이다.

스웨덴의 안더쉬 보리 재무장관은 당장은 유로존 밖에 있는 것이 바람직하다고 생각하지만, 장기적으로는 스웨덴이 유로화를 채택해야 한다는 입장이다. 보리 재무장관은 2003년 국민투표 당시에도 스웨덴 화폐인 크루나가 강세를 띠면 수출 의존적인 경제 구조인 스웨덴에 불리해지기 때문에 유로존에 들어가야 한다고 주장했다.

중도 우익 연정을 펴고 있는 스웨덴 정부는 유럽 어떤 정부보다도 자국의 주요 은행들에 대해 좀더 엄격한 규정을 적용할 방침이다. 자국 금융권에 대한 엄격한 규제 적용과는 별도로, 스웨덴은 아일랜드, 라트비아, 아이슬란드에 긴급 대출을 해 준 상태이다. 하지만 보리 재무장관은 이탈리아와 그리스의 상황은 훨씬 더 복잡하고 어려운 지경이라고 평가했다. 그러나 유로존에 대한 수출이 전체의 절반을 차지하는 상황에서 이들 국가의 경제 침체는 스웨덴에게도 악영향을 줄 수밖에 없다. 유로존의 경기가 계속 위축된다면, 스웨덴은 내년에 1퍼센트 이하의 성장을 할 것으로 예상하고 있다.

스웨덴 TV가 2011년 4월에 유로 사용의 찬반을 묻는 여론조사를 실시한 결과 응답자 1천 명 가운데 47퍼센트가 찬성하고 45퍼센트가 반대했다. 2008년 11월에 38퍼센트가 찬성했던 것에 비하면 유로화 채택에 대한 스웨덴 국민들의 태도가 긍정적으로 바뀌는 흐름이다. 이에 대해서 스웨덴 기업주협회 수석 이코노미스트인 라쉬 야그렌은 2008년 금융 위기에서 자국 통화 크루나의 취약성이 드러났기 때문에 이러한 결과가 나왔다고 평가했다. 그는 유로화에 대해 크루나가 평가 절하되어 수출에 의존적인 스웨덴 기업들이 이득을 보는 것이 사실이지만, 궁극적으로는 유로존 밖에 있어서 얻는 이득보다 유로존에 가입해서 얻는 효과가 클 것이라고 믿고 있다. 왜냐하면 수출과 수입이 비슷해지는 상황에서 국제적으로 사업을 확대하는 비용이 늘어나기 때문이라는 것이다.

5만 4천여 스웨덴 기업을 대표하는, 스웨덴에서 가장 영향력 있는 단체인 경영자협회의 수석 이코노미스트 스페판 펄스터는 "자체 연구 결과에 따르면 유로화를 쓰는 것이 더 많은 무역과 외국 투자를 유치하게 되기 때문에 스웨덴에 이득이 될 것이다."라고 주장했다. 경제적 소용돌이가 이는 시점에 국가 간의 협력이 증대됨으로써 더 많은 스웨덴 국민들은 크루나와 작별을 고할 준비가 되어가고 있다. 하지만 이러한 추세가 지속적인 것인지, 아니면 일시적인 추세인지를 판단하기는 아직 이르다.

한편, 유럽 통합에서 주변국으로 소외될 것을 걱정하는 마음은 덴마크와 스웨덴의 경우에서 잘 드러난다. 스웨덴의 기업 경영 혁신 싱크탱크인 포레스의 마틴 오달 소장은 역사적으로 중립 정책의 전통이 있는 스웨덴은 우유부단한 국민성을 보인다고 지적한다. 그는 또한 1992년과 2000년에 이미 두 차례나 유럽 통화 동맹EMU에 반대표를 던진 바 있는 덴마크의 국민투표에서 유로 사용에 찬성하는 결과가 나오면 도미노 효과에 의해 스웨덴도 유로 사용에 찬성할 가능성이 크다고 예측했다.

스웨덴 정가에 정통한 소식통들에 따르면, 이미 2003년 국민투표에서 유로 사용 반대 결정이 나왔기 때문에 같은 사안으로 또 한 번 국민투표에 부치기에는 상당한 시간이 소요될 것으로 본다. 따라서 2014년에 예정된 다음 총선까지는 유로존 가입에 대한 국민투표를 실시하지 않을 것으로 보인다.

투명성 측면에서 가장 높은 점수를 받는 나라, 가장 안전한 음식을 먹을 수 있는 나라, 어린이들이 살기에 가장 좋은 나라 그리고 EU에서 가장 경쟁력이 있는 나라…. 스웨덴 시스템을 부러워하기에 충분한 수사들이다. 스웨덴이 유로화를 도입한 이후에도 이러한 수사들이 계속 따라붙을지는 현재로서 알 수 없다. 하지만 국민 모두에게 혜택을 주는 평등하고 효율적인 교육 정책과 남유럽 국가들과 달리 무리하지 않고 부담 가능한 수준의 현 복지 정책을 보면 스웨덴 시스템은 유로화 도입

이후에도 지속될 것으로 전망한다.

흔들리는 런던의 위상

금융위기의 여파로 영국 경제 상황이 악화되는 것과 동시에, 금융 중심지로서 런던의 위상이 흔들리고 있다. 그 주된 이유는 영국이 유로화를 채택하지 않고 단순히 파운드화를 고집하기 때문만이 아니라, 종전의 런던만의 장점인 세제상의 혜택들이 사라지고 있기 때문이다.

세계 금융 중심지로 런던의 위상을 먼저 살펴 볼 필요가 있다. 금융업 부문에서 나오는 법인세는 영국 전체 법인세의 3분의 1을 차지하며, 그 중심에 있는 런던 시티 The City 는 영국 국내총생산 GDP 의 3퍼센트를 점유한다. 영국에서 영업 중인 외국 은행 수는 481개로, 미국의 287개와 독일의 242개 그리고 일본의 92개보다 크게 앞선 것이다. 대부분의 외국 은행들이 런던에 위치하고 있어 실제로 뉴욕 월 스트리트보다 더 많은 외국 금융기관이 런던 시티에 있다는 사실이다.[4]

세계 외환 거래의 3분의 1이 런던에서 이루어지면서 환율 결정에 영향을 주고, 보험 부문에서도 영국의 해상 운송과 항공 운송 보험의 순수 프리미엄 비중은 세계에서 가장 크다. 증권 부문에서도 런던은 500여 개의 가장 많은 외국 증권사들이 영업하고 있고, 국제 채권 시장 거래의 70퍼센트가 런던에서 이루어지고 있다.

유럽 내 영국의 독보적 위치는 영국의 금융 자산 규모를 보면 쉽게

---

[4] 조명진, 이제 '금융제국 런던'은 없다, 시사저널 [1056호], 2010.01.13.

짐작할 수 있다. 유럽연합EU의 총 금융 자산 규모가 2008년 기준으로 2187억 유로인데, 그 중 영국은 794억 유로를 차지함으로써, 3개 메이저 EU 회원국인 독일의 286억 유로, 프랑스의 235억 유로, 이탈리아의 151억 유로를 모두 합친 액수 보다 많다.

세계 최대 금융 도시로서의 런던의 위상은 외국 회사를 환영하는 역사적 개방성openness에 기인한다. 런던은 이미 18세기 초에 암스테르담을 제치고 유럽의 금융중심지로서 부상했다. 웰링턴 장군이 워털루 전쟁에서 프랑스의 나폴레옹 군에 승리하면서 런던증권거래소는 나단 로스차일드 같은 증권 투자의 귀재를 배출하며 유럽 증권거래의 노른자위로 떠오른 역사를 지니고 있다.

금융위기 전인 2008년 3월에 실시된 조사에서 런던은 유럽 최고의 비즈니스 도시로 선정되기도 했는데, 런던은 유럽 내 도시들 중에서 친 비즈니스 환경, 삶의 질, 인적자원, 투자매력도, 인프라 등에서 1위를 차지했고, 2위는 파리, 3위는 베를린이, 4위는 코펜하겐 그리고 5위는 암스테르담이 차지한 바 있다. 그러나 최상의 금융 중심지였던 런던의 위상이 흔들리고 있는 원인 중 하나는 기술혁신적 변화에서 찾을 수 있다. 인터넷을 통한 전자 상거래는 지리적으로 반드시 런던에 위치하여 금융거래할 필요가 없게 만들고 있는 것이다.

런던 대신 스위스를 대체 금융거래 장소를 택하는 이유가 궁금해진다. 우선 법인세에 있어서 영국은 28퍼센트인데 반해, 스위스는 15퍼센트 이하라는 점이다. 그리고 스위스 은행들이 전통적으로 경쟁력을 갖고 있는 분야는 프라이빗 뱅킹private banking이다. 스위스 은행들은 600

만 명에 이르는 것으로 추산되는 전세계 백만장자들을 주된 고객으로 하는 프라이빗 뱅킹 부문에서 다른 나라 은행들을 압도하고 있다. 스위스 은행들이 관리하는 이 같은 자산이 약 4조 프랑(약 2조 5000억 달러)에 이르는 것으로 추산되고 있다.

유럽 4대 은행 가운데 두 개가 스위스 은행이다. 주식시가 총액으로 따질 때 영국의 HSBC 980억 달러와 로이즈 TSB의 700억 달러에 이어 스위스의 UBS의 620억 달러와 크레디 스위스의 510억 달러가 3, 4위를 차지하고 있다. 주목할 일은 프랑스 BNP 파리바와 영국의 바클레이즈, 독일의 도이체방크보다 이 두 스위스 은행의 자산이 앞선다. 물론 아시아로부터의 거액의 입금도 스위스 은행 보유 자금에 일조하고 있다는 사실도 빠트려서는 안 된다.

긴밀한 '앵글로-색슨 자본주의'의 산물로서 덕을 보아 온 런던이 세계 금융 중심지로서 흔들리기 시작했다. 런던이 세계 금융의 중심지로서의 위상을 잃지는 않았지만, 균열 조짐이 보이기 시작한 것만은 분명하다.

영국의 선택 –EU 탈퇴냐 잔류냐

제레미 리프킨이 《유러피언 드림》에서 "영국인들은 자국의 장기적인 이익을 위해 독자적인 노선을 걷는 게 좋을 지 더 큰 유럽의 일부분이 되는 게 좋을지 확신하지 못하고 모호한 태도를 취하고 있다."고 언급한 것처럼, 영국은 EU 회원국이면서도 EU 내 주변국의 모습을 보여왔다. 그 예가 바로 유로화를 채택하지 않음으로써 유로존밖에 있고, EU 내 무비자 여행 관리 체계인 쉥겐Schengen 협약 관할 지역밖에 있다는 사실이다. 이렇게 EU 내에서 밖으로 돌던 영국은 언젠가는 오고야 말 것 같은 일을 2011년 12월에 벌이고야 말았다.[5]

바로 2011년 12월 브뤼셀에서 새로운 EU 조약에 대한 회원국의 승인을 목적으로 모인 EU 정상회담에서 캐머런 총리는 유일하게 거부권veto을 행사한 것이다. 여타 EU 회원국에는 충격 그 자체였지만, 덕분에 국내적으로 보수당은 여론 조사 응답자의 58퍼센트가 캐머론 총리의 거부권 행사를 지지하면서 최근 일년 사이에 처음으로 노동당의 인기를 앞서게 되었다. 게다가 카메론 총리가 영국 의회로 돌아와 연설을 하려고 나올 때, 보수당 의원들은 그를 승전 장군처럼 반기며 환호성을 쳤다.

사실, 캐머런 총리가 EU 조약에 대해서 거부권을 행사할 수 밖에 없었던 주된 이유로써 국회에서 승인을 받을 수 없음을 간파한 선택이었다는 것이 영국 언론들의 관측이다. 보수당내 소장파들이 영국의 EU 회원국에 대한 국민투표를 붙이자는 요구가 이미 한 달 전에 있었던 상황이다. 2010년 총선에서 의석을 확보한 305명의 보수당 의원 중에 거의 절반의 의원들이 처음으로 국회 의원이 된 사람들이다.

주목할 점은 이들 초선 의원들의 영입은 그 어떤 보수당 정부 보다

---

5 조명진, 'EU 탈퇴냐, 잔류냐' 머리 싸맨 영국, 시사저널 [1164호], 2012.02.08.

도 EU에 대해서 적대적 성향을 보인다는 것이다. 이전의 영국정부들은 어떤 상황에 처하든, EU 내 회원국 자리를 고수하려는 입장이었다. 이와는 달리 현 보수당 정부는 "필요하다면" 유럽통합의 대열에서 이탈해 홀로서기도 마다하지 않겠다는 자세이다.

영국의 EU 탈퇴에 대한 주제로 이코노미스트는 2012년 1월 토론을 벌인 바 있다. EU 탈퇴를 지지하는 편에선 유럽의회의 보수당 의원인 다니엘 핸난이 나섰고, 영국의 EU 잔류를 주장하는 편에는 노동당 국회의원인 더글라스 알렉산더가 나왔다. 이 두 사람의 주장을 대비시킴으로써 찬반 토론의 주요 쟁점을 짚어 본다.

다니엘 핸난 Daniel Hannan

2002년에 유로화가 통용되기 시작했을 때, 영국인 가운데는 파운드를 고수하다가는 영국은 망하게 될 것이라고 걱정했던 EU 지지론자들이 있었다. 하지만 지금의 유로존의 재정위기는 10년 전의 EU 지지론자들의 주장을 무색하게 만들고 있다.

영국이 유럽경제 공동체 ECC_{EU의 전신}에 가입한 1973년 당시, 서유럽은 세계 GDP의 40퍼센트를 차지했었다. 현재는 그 비율은 25퍼센트로 줄어들었고, 2020년이면 18퍼센트로 감소할 것이다. 돌이켜 보면, 영국은 최악의 시점에 유럽 통합에 동참한 것이다. 왜냐하면 서유럽은 2차대전 이후 30년간 놀라운 성장을 해왔지만, 1970년대 초반의 오일 위기 Oil Crisis 이후 제대로 성장한 적이 없기 때문이다.

EEC가 설립될 당시, EEC는 지역의 경제 블록이 되는 것이 목적이었다. 이제 인터넷과 같은 기술의 발달로 지구 어디에 있어서 상거래가 가능하므로, 지리적인 인접성은 과거처럼 문제되지 않는다. 뉴질랜드가 영국에서 지리적으로 가장 멀리 떨어진 나라이지만, 영연방으로서 영어를 사용하는 국가이고 회계 기법도 유사하기 때문에 문제없이 무역할 수 있다. 이런 점에서 영국의 EU 멤버십의 대안은 스위스와 같은 형태의 자유무역협정FTA이다.

스위스는 EU 회원국들과의 개별 상호 협정에 따라 쉥겐 관할 지역으로 분류되고, EU 단일 시장에서 누리는 4가지 자유four freedoms – 상품, 재화, 노동, 자본의 역내 자유이동를 전적으로 공유하고 있다. 2010년 스위스의 일인당 EU 수출규모는 영국보다도 4배나 많았다.

만약, 영국이 EU를 탈퇴했을 때 영국의 수출이 EU 회원국들로부터 차별을 받지 않을까에 대한 우려가 있지만, 실제로는 그렇지 않다. 영국의 수출문제는 세계무역기구WTO가 맡아줄 것이다. 또 한 가지 간과해서는 안 되는 통계는 영국은 유럽통합에 합류하기 전에는 서유럽국가와 무역에서 흑자였지만, 그 이후는 줄곧 적자를 면하지 못하고 있다.

2010년 영국의 대 EU 무역적자는 524억 유로에 이르고, 여타 국가와의 무역에서는 157억 유로의 흑자를 보였다. 영국이 EU 멤버십을 지닌 기간에 유럽만 제외하고 다른 대륙과는 총체적인 흑자였다. 영국의 실익을 봤을 때, EU에서 탈퇴하는 것이 올바른 선택이다.

더글라스 알렉산더 Douglas Alexander

지난 10년 사이에 ICM 여론 조사 결과가 어떤 차이점을 보이는 지를 먼저 보자. 현재 49퍼센트가 영국이 EU에서 탈퇴하는 것에 찬성하고, 40퍼센트는 잔류를 선호한다. 2001년에는 68퍼센트가 EU에 영국이 남기를 희망했고, 반대는 19퍼센트에 불과했다. 10년 전에는 자그마치 49퍼센트가 친 유럽이었다.

영국 부총리 닉 클레그가 말한 것처럼, "영국이 EU안에 있건 밖에 있건 영국은 피그미 국가는 안 될 것이다."라는 말을 믿지 않는다. 그렇다고 해서 유럽의 현상유지 status quo 를 변호하거나 유럽이 개혁과 변화를 할 필요가 없다는 뜻이 아니다. 영국은 영향력과 실질적인 권력을 지닌 EU 안에서 훨씬 더 번영하리라고 굳게 믿는다.

10조 파운드 가치의 5억 인구 시장에서 영국을 차단시킨다는 것은 유럽에 대한 신의를 저버리는 것이나 다름없다. 영국 기업들은 유럽 경쟁회사들보다 더 경쟁력있고, 더 혁신적이고, 더 앞선 생각을 하고 있지 못하다. 반 유럽파들은 낮은 기술력과 저부가가치 상품에서 경쟁하기를 원하는 사람들이다. 유럽에서 우리의 목소리를 낼 수 있다는 것은 EU와 실용적이고 애국적인 방법으로 관련되어 있다는 뜻이다.

새로운 EU 조약은 단일시장에 대한 조항들을 담고 있다. 그럼에도 불구하고 카메론 총리가 협상 테이블에서 나온 것은 무모한 행동이었다. 법, 비즈니스, 금융, 의학, 교육 등의 사안을 논하는 자리에 영국이 참석하지 않는다면, 영국의 이익을 위한 방법을 찾을 길이 없어 질 것이다. 영국의 리더십은 단순히 일시적인 인기에 영합하지 말고, 옳다고 생각하는 것을 추진해야 한다. 영국을 위한 성숙한 애국심은 EU 멤버십을 유지하는 것이라고 믿는다.

평가와 전망

이 찬반 논쟁에서 필자는 더글라스 알렉산더의 친 EU 주장이 더 현실적이라고 판단한다. 좋은 예로 앞서 살펴본 대로 더 시티는 비 영국계 은행들이 주도하는 가장 큰 오프쇼어off-shore 금융 서비스 센터다. 영국에 남아있는 제조업은 BAe Systems 같은 방산업체를 제외하고는 대형 외국 업체들로 즐비하게 채워져 있다. 이들 업체들은 영국이 영어로 소통이 가능해서라기 보다는 EU 회원국이기 때문에 영국에 현지 법인을 설립한 것이다.

만약에 영국이 EU를 탈퇴할 경우, 기존의 대형 외국 제조회사들은 영국에 현지 투자를 할 이유를 찾기 힘들게 된다. 예를 들면, BMW소유의 롤스로이스, 폭스바겐 소유의 벤틀리, 포드와 제너럴 모터스GM의 복스홀Vauxhall, 삼성, LG, 소니, 도요타 그리고 혼다 같은 대형 외국 제조업체들은 영국에 현지 공장을 가동할 인센티브가 줄어든다.

EU에 남느냐 아니면 나오느냐는 영국의 미래가 걸린 중요한 선택이다. 금융위기 이후 또 다른 위기의 태풍이 올 가능성을 염두에 둔다면, EU라는 커다란 배에 승선해 있는 것이 작은 돛단배보다는 안전하다. 다시 말해, 영국의 운명적 결정은 '비탄의 아웃사이더'를 택하는 것보다 '천대받는 인사이더'로 남는 것이 현명해 보인다. 만약 영국이 EU 탈퇴를 선택하게 된다면, 스코틀랜드와 웨일즈는 별도로 EU 회원국이 될 가능성 있다. 그렇게 되면 잉글랜드는 아담한 'Kingdom of England잉글랜드 왕국'으로 남을 수도 있다.

EU 내 주도권 경쟁

사르코지 프랑스 대통령은 2011년 11월 8일 유럽의회가 있는 스트라스부르그 대학교 연설에서 EU 회원국 수가 현재 27개 회원국에서 32개 또는 34개로 늘어날 수 있다고 전망하면서 '투 스피드 유럽Two-Speed Europe'이 미래의 EU 틀이 될 것이라고 말했다. 유로를 사용하는 회원국의 유로존은 더 긴밀한 통합을 지향하고, 유로를 사용하지 않는 국가군은 느슨한 연방confederation을 구성한다는 것이 '투 스피드 유럽'의 핵심이다. 즉, 발칸반도의 구 유고슬라비아에서 독립한 신생국가들을 포함해서, EU 확대를 전제로 했을 때 사르코지 대통령은 유럽의 미래에 대한 새로운 비전을 제시하고 있는 것이다.

프랑스는 유로존의 재정위기를 통해서 유로사용 17개 국가 간의 더 긴밀한 협력을 강조해 왔다. 왜냐하면 이것이 프랑스의 영향력을 증대할 수 있는 유기적 방법이라고 판단하고 있기 때문이다. 27개 EU 회원국 중에 유로존에는 17개국에 들어있고, 영국과 스웨덴을 포함한 10개 회원국은 주변국가군에 속하게 된다.

한편, 17개 유로존은 영국과 폴란드 같은 인구수가 많은 큰 EU 회원국을 배제시킴으로써 프랑스와 독일 양국이 더 큰 영향력을 행사할 수 있게 된다. 하지만, 유로존 국가만의 의사결정에 대해서 특히 스웨덴과 폴란드가 못마땅하게 여기고 있고, 유로존 국가 중에서 네덜란드도 이에 반대 입장을 표하고 있다. 그리고 '투 스피드 유럽'에 대해서 영국의 닉 클레그 부총리는 "우리EU회원국들는 함께 움직여야 한다. 우리가 맞선 가장 큰 위험은 분열이다. 이 분열은 회원국들을 고립시킬 것이다."

라고 경고하고 있다.

현재 독일이 주도하고 있는 유럽통합에 프랑스가 새로운 이니셔티브를 단독으로 쥘 상황은 아니다. 그런 차원에서 독일의 주도적 위상을 감안하여, 사르코지 대통령은 EU가입을 희망하는 국가는 먼저 국가대 국가로 독일과 상의한 후에 EU의 실무진과 구체적인 진행을 도모하는 것이 옳다고 본다는 실리적인 입장을 취했다.

실제로 프랑스는 국제 무대 특히 EU 내에서 갖고 있는 것보다 더 큰 영향력을 행사해 온 것이 사실이다. 이니셔티브를 잡는 것이 중요한 외교력임을 간파하고 있는 프랑스는 UN 상임이사국 자리처럼, 어떤 형태로든 메이저 그룹에 속함을 과시해 왔다. 그것이 프랑스 국민들로 하여금 전통적인 정치 리더십의 표본으로 비춰진다는 것을 사르코지 대통령은 잘 알고 있다.[6]

독일 단독질주인가 아니면 프랑스와 쌍두마차 체제인가?

메르켈 총리는 단일 통화를 안정시키기 위해서는 "회원국의 예산을 EU 차원에서 감독할 수 있도록 EU 헌법 개정이 절실하다."라고 종전보다 한층 강한 어조로 말했다. 이 말은 그리스를 염두에 두고 부실한 국가 재정이 EU 전체에 악영향을 줄 수 있음을 전제로 현재 EU 기관 차원의 개입할 방법이 없음을 두고 한 것이다.

한편, 유로존 17개국만으로 더 긴밀한 경제 정책을 펴자는 개념은 유럽연합의 행정부에 해당되는 유럽집행이사회에 경각심을 줬다. 바루

---

[6] 조명진, '두 마리 토끼 잡기' 갈 길 바쁜 사르코지, 시사저널 [1153호], 2011.11.23.

소 집행이사회 위원장은 이 개념은 "어처구니없는 absurd"것이라고 못박으며, 모든 회원국을 하나로 뭉치게 하는 것이 자신의 책임이라고 역설하며 모든 회원국이 유로화를 사용하자고 역설했다.

로이터 통신이 EU의 정책 방향이 독일과 프랑스의 상호 이해를 토대로 진행되고 있다는 보도를 하자, 이에 대해서 유럽집행이사회 바루소 위원장은 "나누어진 EU는 제대로 된 기관이 아니고, EU는 정의, 평등 그리고 법에 기초하지, 권력이나 기타 세력에 좌우되지 않는다."고 주장했다. 게다가 바루소 위원장은 EU회원국이라면 유로를 사용해야 한다고 언급함으로써 단일 통화 사용을 국민 투표로 거부한 영국과 덴마크를 자극했다.

그간 큰 변동 없었던 프랑스 채권시장이 2011년 11월 초 독일 채권을 안전한 투자 대상으로 여기고 몰려들어 처음으로 하락하기 시작했다. 그리고 결정타는 다음 날인 11월 10일 신용평가 기관 S&P가 프랑스 신용도를 한 단계 낮추는 실수였다고 말하는 발표에서 나왔다. 실수라고 하기에는 너무도 의도성이 있어 보이는 사건이다. 왜냐하면 신용평가 기관에서 단체 메일링 리스트에 프랑스 신용도 하락을 알린 것은 버튼 하나 잘못 눌러 벌어지는 방송사고와는 다르기 때문이다.

AP 통신 2011년 11월 11일자에 따르면 S&P 고객들에게 발송된 이메일의 제목은 "프랑스 트리플A 상실하다 France lost its AAA rating"였고, 골자는 프랑스 또한 이탈리아의 겪는 위기에 빠질 것이다라는 것이다. S&P가 실수였다고 주장하는 이 이메일은 발송 후 한 시간 반 뒤에 정정하는 발표를 했다.

프랑스 프랑소와 바로앙 재무장관은 이 실수를 '근거없는 충격적 소문'이라고 일축한 뒤, 이 사고에 대한 즉각적인 수사를 요구했다. 프랑스 증권감독원AMF과 함께 미국증권감독원SEC도 수사에 참여할 예정이다.

프랑스 은행들은 그리스 부채에 익스포저_{대출과 거래: exposure}된 결과로 프랑스의 신용도가 하락할 수 있다는 소문이 나왔던 것이 사실이다. 게다가 프랑스 4개 주요 은행_{BNP파리바, 크레디아그리콜, 소시에테제네랄, BPCE}의 이탈리아 익스포저는 3천 70억 유로로 유로존 국가 가운데 가장 크다. 이 액수는 프랑스의 대 그리스 익스포저 439억 유로의 7배가 넘는다. 이에 따라 10월에는 또 다른 신용평가기관인 무디스가 3개월 이내에 프랑스 정부가 적절한 조치를 취하지 않으면, 프랑스의 신용도 하락 가능성을 경고한 적이 있었다.

프랑스 정부는 신용등급 AAA를 지키고 유로존의 재정위기 소용돌이에 말려들지 않기 위한 방편으로 세 달 만에 190억 유로를 절감하기 위한 두 번째 긴축 정책 패키지를 내놓았다. 프랑스 중앙 은행이 올 4분기 프랑스 경제가 성장을 기록하지 못할 것이라는 전망과 때를 같이한 긴축 발표이다.

한편, 프랑스 전 미테랑 대통령의 경제자문을 했던 자크 아탈리는 프랑스 국내 일간지 라 트리뷴과의 인터뷰에서 프랑스의 대출비용을 봤을 때 같은 AAA 등급에 있는 국가들 중에 가장 취약하다고 말하며 이는 프랑스가 이미 트리플A 등급이 아님을 뜻한다고 말했다.

사르코지 대통령은 국내적으로는 긴축 정책을 도입해서 국가 신용등급 AAA를 고수하려는 노력을 하고, 대외적으로는 '투 스피드 유럽 Two-Speed Europe'이라는 새로운 비전을 내세워 프랑스 위상을 높이려고 애쓰고 있다. 이렇게 사르코지 대통령이 트리플A 신용등급과 국가적 자존심을 지키려는 이유는 2012년 대통령 선거에서 재선되기 위해서는 반드시 필요한 요건이기 때문이다.

한편, 영국은 독일과 프랑스 주도로 1958년 창설된 유럽경제공동체 EEC: EU의 전신에 더 일찍 가입할 수 있었으나, 실제로 유럽 통합의 대열에 참여한 것은 1973년이다. 프랑스 드골 대통령의 반영反英 감정이 영국이 EC에 가입하는 것을 막았기 때문이다.

그런데 사르코지 프랑스 대통령과 캐머런 영국 총리 사이에 벌어지는 일련의 충돌을 보고 있노라면, 유럽연합EU 내에서 프랑스의 반영 감정은 전통처럼 이어지고 있다는 인상을 준다. 유럽 통합 후발 주자로서, 그리고 유로화를 사용하지 않는 회원국으로서 영국이 독일과 프랑스로부터 받는 차별과 수모는 당연한 결과인지 모른다. 하지만 차별의 정도면에서는 프랑스와 독일의 차이가 확연히 다르다.[7]

역사의 멍에를 지고 가는 영국과 프랑스 관계

유로존의 재정 위기에 대해서 캐머런 총리가 의견을 발표하면, 사르코지 대통령은 무안을 주기 일쑤이다. 정작 실세인 독일 메르켈 총리는 침묵으로 일관하는데, 사르코지 대통령은 사사건건 기회를 놓치지 않

---

[7] 조명진, 주변 신세' 된 영국의 '줄타기' 외교, 시사저널 [1154호], 2011.11.30.

고 영국의 흠을 잡고 있다.

영국 일간지 〈가디언〉은 2011년 10월 23일자에 캐머런 총리와 사르코지 대통령이 유로존 지역의 재정 위기 해결 방안과 관련해 격한 논쟁을 벌였다고 보도한 바 있다. 사르코지 대통령이 캐머런 총리에게 유로 사용국도 아니면서 유로존 국가에 대해서 영국이 이래라 저래라 하는 것에 신물이 난다고 불평해 충돌한 일이 있었다. 캐머런 총리는 유로존의 재정 위기를 극복하는 방법으로 은행에 구제 금융을 제공해 좀더 긴밀한 재정 정책을 펴야 한다는 독일과 프랑스의 주장에 대해서 찬성하는 입장을 나타내고 있다.

그럼에도 사르코지 대통령은 유로존 부실 은행들에 대해 1천억 유로를 수혈하는 것을 결정하는 최종 회의 석상에 캐머런 총리가 참석하지 못하도록 안간힘을 썼던 것이다. 더군다나 사르코지 대통령은 "영국은 유로를 경멸하면서도 유로에 관한 모임에 참석하기를 원하니, EU 정상 회담 공식 석상에서 영국은 이미 입을 다물고 있어야 할 좋은 기회를 놓쳤다."라고까지 비판했다.

실제로 영국은 유로존의 17개국 정부 대표들 간의 정기 모임이 독일과 프랑스의 독점적 지위를 강화할 것이라는 점을 우려하고 있다. 그 이유는 독일과 프랑스의 입김이 강해지면 런던의 금융 거점이 타격을 입고 파리와 프랑크푸르트가 반사 이익을 얻기 때문이다.

비즈니스 파트너로서 영국과 독일 관계

2011년 11월 18일자 영국 주간지 〈이코노미스트〉의 논평 제목은 '캐머

런과 메르켈: 함께 거래할 수 있는 사람들Cameron and Merkel: people who can do business with each other'이었다. 즉, 프랑스와는 달리 영국은 독일과 대화할 수 있다는 뜻이다.

캐머런 총리는 사르코지 대통령으로부터 외교적 면박을 당한 것에 대해서 영국 국내 언론과 심지어 보수당 내부로부터 비난을 받았다. 캐머런 총리가 독일을 방문하기에 앞서서 유럽 통합에 회의적인 영국 정치인들이 "갑자기 유럽은 독일어로 말한다Suddenly Europe is speaking German"라는 경계론을 펴기도 했다.

2011년 11월 17일 캐머런 총리는 베를린을 방문해서 메르켈 총리와 회담을 가졌다. 회담에서 영국이 '토빈세Tobin Tax'라고도 불리는 금융 거래세Financial Transaction Tax를 부과하지 않겠다는 종전의 입장을 고수해 독일과 견해 차이를 보였다. 뿐만 아니라 유럽 중앙은행이 시장에 개입하는 것에 대해서도 영국은 불분명한 태도를 보였다.

예상된 의견 차이여서 회담 전에 양국 총리 간에 심한 충돌이 벌어지지 않을까 하는 양국 언론들의 우려도 있었지만, 메르켈 총리가 왜 유럽에 금융 거래세를 도입해야 하는지 강하게 몰아붙이지 않음으로써 영국과 프랑스의 경우와 같은 험악한 상황은 벌어지지 않았다. 하지만 영국의 정치 분석가들은 영국이 비록 금융 거래세에 동의하지 않았지만, 이를 양보한 대가로 독일은 EU 예산에서 영국의 부담 비율과 EU 공동 어업 정책에서 양보를 끌어낼 수 있을 것이라고 관측하고 있다.

회의를 마친 후 로이터통신과 가진 독일 정부 당국자들의 인터뷰에 따르면, 적어도 서로 의견을 도출하기 위한 타협 의사를 보인 자리였다고 전한다. 공동 기자회견에서 메르켈 총리는 "우리는 영국이 포함된 유럽을 원한다We want a Europe with Great Britain"라며 유연한 태도로 캐머런 총리를 대했다.

메르켈 총리가 이런 태도를 보인 것은, 캐머런 총리가 리스본 조약을 개정하는 일에서 자신을 지지해주기를 바라기 때문이다. 메르켈 총리는 단일 통화를 안정시키기 위해서는 회원국의 예산을 EU 차원에서 감독할 수 있도록 EU조약을 개정하는 것이 절실하다고 주장해왔다. 다시 말해, 조약을 개정하기 위해서는 EU 회원국 27개국의 만장일치가 요구되기에 독일은 영국을 안고 가야 한다는 입장이다.

영국이 EU 내에서 국익을 챙기기 위해서는 독일과 프랑스 사이를 오가며 능숙하게 줄타기를 해야 한다. 문제는 영국의 보수주의가 항상 걸림돌이 된다는 점이다. 영연방과의 외교 관계 그리고 앵글로 색슨의 유대로 표현되는 미국과의 이해관계 등의 '과거'가 영국의 미래를 붙잡고 있다. 이 때문에 EU 내에서 새로운 변수가 등장할 때마다 영국은 주도국이 아닌 주변국 신세를 면하지 못하고 있다.

유럽중앙은행ECB의 역할과 한계

유럽의 재정 위기가 유로존 밖으로까지 번지는 상황에서 문제 해결을 맡고 있는 유럽중앙은행ECB의 역할에 관심이 집중되고 있다. ECB의 1차 임무는 유로존의 인플레이션을 억제해 가격 안정을 기하는 것이다. 이자율 결정과 통화량 조절 등을 주된 임무로 하는 미국 연방준비제도

이사회와는 달리 ECB는 가격 안정에 우선권을 둔다.[8]

ECB의 주요 조직으로는 집행부Executive Board 와 평의회General Council 가 있다. 집행부는 평의회에서 결정한 통화 정책을 실행하는 일을 맡는다. 집행부의 장은 ECB 총재가 맡고 부총재와 네 명의 이사를 둔다. 네 명의 이사는 유로존 회원국의 합의에 의해서 임명되고, 임기는 8년 단임제이다. 평의회는 의장과 부의장 그리고 유럽연합EU 회원국 중앙은행장들로 구성된다. ECB의 신뢰성을 확보하기 위해서 ECB는 연례보고서를 유럽의회, 유럽집행이사회 그리고 유럽이사회에 제출하게 되어 있다. 더불어 유럽의회는 집행부 위원 후보에 대해서 소견을 낼 수 있다.

ECB 총재 선임 둘러싼 회원국의 파워 게임

프랑스는, ECB가 독일 프랑크푸르트에 있으므로 ECB 총재는 프랑스인이어야 한다고 주장한 바 있다. 하지만 이 주장에 대해 독일, 네덜란드, 벨기에가 반대하면서 초대 총재는 네덜란드 중앙은행장을 역임했던 두이센버그 총재가 맡았다. 그리고 두 번째 총재직은 프랑스 중앙은행장 출신의 트리셰가 맡았다.

2011년 11월 1일부터 ECB의 세 번째 총재직을 맡은 이탈리아 중앙은행장 출신의 드라기는 독일의 신임을 받아야 된다는 중압감에 싸여 있다. 이탈리아의 재정 적자가 심각하기에 출신 국가를 도와야 되는 처

---

[8] 조명진, 유럽중앙은행은 해결사인가, 관망자인가, 시사저널 [1155호], 2011.12.07.

지여서 드라기 총재가 운신의 폭을 좁게 가져가는 것이 아닌가 하는 우려를 자아내고 있다. 실제로 이탈리아 출신 총재가 취임한 지 2주도 채 안 지나서 독일 중앙은행의 바이드만은, 정부 재정을 돕기 위해 중앙은행이 관여하는 것은 불법이라고 말하며 이탈리아 채권시장에 대해 압력을 가함으로써 드라기 총재를 불편하게 만들었다.

바이드만이 독일 중앙은행 총재가 된 것은 올 5월이었다. 전임자인 베버가 ECB의 국채 시장에 개입한 것에 대한 불만으로 사임한 뒤에서 바이드만 역시 인플레이션 억제에 우선 순위를 두는 독일 경제학자들과 같은 견해를 가지고 있다.

ECB의 독립성은 프랑스 사르코지 대통령 취임 이후에 특히 더욱 문제가 되고 있다. 왜냐하면 사르코지 대통령은 ECB에 경제 성장과 고용 창출을 도모한다는 명분하에 이자율을 책정하는 데에서도 정치적 영향력을 시도해왔기 때문이다. 이 같은 사르코지 대통령의 끈질긴 시도는 2011년 4월 ECB가 처음으로 이자율을 1퍼센트에서 1.25퍼센트로 올리게 만드는 데 일조했고, 7월에 다시 추가로 1.50퍼센트 상향 조정하게 했다는 분석이다.

바이드만 총재와 드라기 총재가 의견을 모으는 부분은 ECB가 정부의 채권을 구매하는 데 반대한다는 것이다. 하지만 가장 많은 돈을 출자한 독일과 다른 유로존의 격차가 커지고 있다는 점은 투자자들로 하여금 유로존의 붕괴를 걱정하게 만들고 있다. ECB의 초기 자금은 1998년 회원국의 인구와 국내총생산GDP 을 기준으로 해서 각국의 중앙은행에서 조성했다. 2011년 1월 현재, 독일연방은행이 1조 4천억 유로를 출자해 가장 많은 자본을 출자했다. 전체의 18퍼센트를 차지하는 금액이다. 그 뒤로는 프랑스 14퍼센트, 이탈리아 12퍼센트 그리고 스페인 8퍼센트 순이다.

영국을 포함한 비非유로 사용 국가 아홉 개국의 중앙은행이 ECB에 출자한 금액은 1조 2천 억 유로이다. 이는 ECB 자본의 30퍼센트를 차지하는데, 이 출자 금액 가운데 영국의 5천 8백 억 유로는 유로 비사용국 출자금의 14퍼센트를 차지한다.

한편, 2011년 11월 29일 유로존 재무장관들은 국채 위기를 해결하기 위한 방안들을 논의했다. 유럽금융안정기금EFSF 을 조성하는 것과 운영이 그 주된 의제였다. 문제는 EFSF의 자금 동원력이 필요한 액수보다 부족하다는 점이다. 현재 가용한 기금 액수는 4천 4백 억 유로로써 그리스, 아일랜드 그리고 포르투갈을 구제하기 위해서는 다소 부족하다. 즉, 1조 유로를 조성한다 해도 이탈리아의 국채를 감당하기에는 부족할 것이라는 예상이다.

보완책으로 국제통화기금IMF 에 지원을 요청하려 하지만, 또 다른 문제는 IMF도 대출 가능한 액수가 4천억 달러를 넘지 않는다. 결국 ECB를 통한 대출 방법을 찾아야 하는데, 보수적인 독일이 이에 동의할지 확실하지 않다. 따라서 유로존의 정상 회담에서 이 사안이 결정날 때까지 관망해야 되는 상황이다.

유럽의 재정 위기가 프랑스와 벨기에 그리고 유로존 밖인 동구 국가들에까지 확산되는 조짐을 보이는 가운데 ECB의 역할에 대한 기대감이 커지고 있다. 하지만 중요한 사안들은 주도국인 독일의 입장에 따라

좌우됨으로써 ECB의 역할에는 한계가 있는 것이 사실이다. 따라서 유로 위기 해결의 실마리는 ECB가 아닌 독일과 프랑스의 정책 방향에 따라 결정될 전망이다.

유로존의 미래

세계 3대 신용평가 기관 중 하나인 S&P스탠더드앤드푸어스가 2011년 12월에 독일을 포함한 유로존 15개 국가의 신용등급을 강등할 수 있다고 발표했다. 이에 대해서 메르켈 독일 총리는 "신용평가는 신용평가 기관들의 일이고 그들의 책임이다."라는 태도를 보였다. 〈뉴욕타임스〉 12월 6일자는 메르켈 총리의 이처럼 놀라울 정도로 초연한 모습은 마치 유로존을 새로 짜기로 작정한 마음을 대변한 듯한 일관된 '벼랑 끝 전략strategy of brinkmanship' 같다고 분석했다.[9]

실제로 유로존의 재정 위기 초반부터 지금까지, 메르켈 총리는 대출 금리를 인하해서 금융 시장을 진정시키자는 제안들을 거부해왔다. 대신 메르켈 총리는 고통을 감수해야 하는 이자율 상승을 택한 것이다. 이것은 결국 지난 2년 간 지속되어온 유럽 재정 위기에서 해당 국가의 정치 리더십에 대해 책임을 묻는 결과를 불러왔다. 아일랜드와 포르투갈은 올 상반기에, 그리고 그리스와 이탈리아, 스페인은 11월에 정권이 바뀌었다. 아일랜드는 올 3월 총선에서 엔다 케니가 이끄는 중도 우파인 피네 갤 당이 노동당과 연정을 구성했고, 케니는 3월 9일 총리가 되

---

[9] 조명진, 유로존에 '낙제생'들 출현…재정 위기가 유럽 정치 지도 바꿨다, 시사저널[1156호], 2011.12.14.

었다.

포르투갈의 베드로 파소수 쿠에후는 2010년 국가 채무를 해결하기 위해 집권 사회당이 경제 안정을 위한 긴축 정책을 도입해야 한다고 주장했던 인물이다. 하지만 사회당이 2011년 3월 정부의 신임을 묻는 투표에서 득표에 실패함으로써 6월 5일 총선을 치르게 되었다. 쿠에후는 사민당PSD과 기민당CDS의 연정을 통해 우익 다수당으로서 정권을 잡았다. 쿠에후는 6월 21일 포르투갈의 총리가 되었다.

그리스는 2011년 11월 6일 파판드레우 총리가 사임하고 사회당과 신민당이 거국 내각으로 새로운 정부를 구성하기로 합의했다. 연정의 새로운 총리 후보는 루카스 파파데모스Lucas Papademos로서, 그는 전 그리스 중앙은행 총재와 유럽중앙은행 부총재를 역임했다. 미국 MIT매사추세츠 주립 공과대학에서 경제학 박사 학위를 취득했다는 점에서, 유럽중앙은행 드라기 총재와는 동문 관계이다. 참고로 미국 연방이사회 버냉키 의장과 노벨경제학상 수상자 폴 쿠르그먼 교수도 MIT 동문으로서 대서양 양안의 금융과 경제 분야를 MIT 엘리트들이 접수하는 분위기이다.

하지만 그리스 거국 내각의 성공 여부는 정당과 노조 관계에 달려 있다고 그리스 일간지 카타메리니의 정치평론가 파파디미트리우는 지적했다. 또한 그리스는 연정을 해 본 전례가 없어서 정치색을 달리하는 두 당이 효율적으로 정부 운영을 해 나갈지는 미지수이다.

이탈리아는 2011년 11월 16일 전 유럽연합 집행위원이고 존경받는 경제학자인 마리오 몬티가 GDP국내총생산의 1백 20퍼센트에 해당되는

2조 6천 억 유로에 달하는 국채로부터 이탈리아를 살리기 위한 책임을 지고 총리와 재무장관 자리를 겸직하기로 했다. 몬티 총리는 12월 5일 재정 적자를 줄이기 위해서 2013년까지 2백 50억 달러 규모에 이르는 긴축을 실시하겠다는 정책을 발표했다. 몬티 총리의 프로필 가운데 흥미로운 점은 1973년 데이비드 록펠러가 설립한 삼변위원회 Trilateral Commission의 유럽 회장이며 동시에 빌더버그 그룹의 핵심 회원이라는 사실이다.

스페인의 경우, 2011년 11월 20일 총선에서 마리아노 라호이 당수가 이끄는 국민당이 3백 50의석 중에 1백 86석을 차지함으로써 1백 10석을 차지한 집권 여당 사회당을 여유 있게 누르고 정권을 잡았다. 베를루스코니 총리의 사임은 독일이 원하는 유로존 만들기의 준비 작업이라는 분석도 있다.

게다가 아일랜드의 새 회계 연도 예산안 초안이 더블린에 있는 아일랜드 야당 의원들이 열람하기 전에 이미 베를린의 국회의원들 사이에 회람되었다는 점도 독일이 유로존 회원국에 대한 일종의 감시 역할을 자청하고 나선 것으로 볼 수 있다. 결국 독일은 그리스 같은 낙제생들을 유로존에서 퇴출시키는 대신, 스웨덴처럼 건전한 재정 정책과 견실한 제조업 덕분에 경제 성장을 보여온 우등생 EU 회원국을 유로존에 받아들일 가능성이 있다. 그렇다면 향후 10년 내에 유로존 지도는 지금과는 다른 모양이 될 것이다.

Tip 나단 로스차일드 Nathan Rotschild 신화

'거리에 피가 있을 때, 그때가 증권을 살 때다(the time to buy is when there's blood in the streets).'라는 말을 남긴 나단 로스차일드의 전설적 신화는 이렇다. 돈을 벌기 위한 정보의 중요성을 일찍감치 간파한 로스차일드 가문은 유럽 전역에 정보망을 구축했다. 정보의 신속성이 정보의 가치를 좌우함을 알기에 비둘기를 이용한 전달, 빠른 마차 등 효과적인 전달 수단을 갖추었는데, 그 신속성이 당시 유럽국가의 공식 채널보다 빠르고 정확했다.

바로 나단 로스차일드를 세인들의 기억에 남게 한 운명의 날은 1815년 6월 19일로 워터루전쟁 다음 날이었다. 영국의 웰링턴 장군이 승리하면, 런던 증시는 최고의 호재를 갖는 것이고, 반대로 나폴레옹 군대가 이긴다면, 런던 증시는 곤두박질치게 되는 순간이었다. 런던 정부보다도 하루 빨리 웰링턴 장군의 승전 정보를 입수한 나단 로스차일드는 곧장 마구자비로 모든 자본을 동원해 주식을 사들이지 않았다.

그는 잠시 생각에 잠겼다가 투매를 결정했다. 그러자 다른 주식 보유자들도 영국이 패전했다는 의미로 알고 덩달아 너도 나도 투매를 함에 따라 런던 증시는 아수라장이 되면서, 모든 주식은 휴지조각이 되어버릴 지경에 이르렀다. 그때 나단 로스차일드는 바닥에 가까운 증시상황에서 전격적으로 매수주문을 냄으로써, 어마어마하게 많은 양의 주식을 손에 쥐게 되었다. 1798년 2만 파운드를 갖고 증시에 뛰어들었던 나단 로스차일드는 17년 만에 5천 만 파운드 가치의 부를 증식하게 된 것이다. 당시 이 액수를 지금의 가치로 환산하면 335억 파운드에 이른다. 현존하는 투자의 귀재 워렌 버핏은 1956년 증권투자를 시작한 이래로 지금까지 반 세기 넘게 모은 재산이 500억 달러에 달하는데, 1대부터 지금의 5대까지 부를 쌓아 온 로스차일드 가문의 재산에는 비할 바가 못 된다.

런던증권거래소(LSE)에는 '로스차일드 기둥(The Rothschild Pillar)'이라고 이름 붙여진 한 석주가 있다. 워털루의 승전소식을 들은 나단 로스차일드가 기둥에 손을 짚고 잠시 생각에 잠겼다. 비범하게 역으로 투매를 결정했던 그 기둥이 지금도 기억되고 있는 것이다. 나단 로스차일드는 프랑크푸르트에서 금융업을 시작한 마이어 로스차일드의 5형제 중 3남이다. 나머지 4형제는 파리, 프랑크푸르트, 비엔나, 나폴리에서 금융업을 했다. 런던 빼고 위 4유럽의 도시가 모두 1차 대전과 2차 대전에 휘말린 지역이다.

유럽이 전쟁 중 일 때 로스차일드 자본은 미국으로 건너가 더욱 확대되었다. 유대 금융의 상징인 로스차일드 자본으로 사업을 시작한 미국 기업인들은 철강재벌 록펠러, 미국 은행업계를 석권한 모건, 리치 드보스 암웨이 회장, 마이크로 소프트의 빌 게이츠, 디즈니랜드의 창립자 월트 디즈니, 포드 자동차 설립자 헨리 포드, 크라이슬러 자동차회사 설립자 크라이슬러, 철광왕 카네기, 웬디스 햄버거 회장 데이브 토마스 등 수많은 미국의 사업가들이 로스차일드 가문의 금융 지원으로 사업을 시작했다.

Tip → **독일 경제의 성공 요인**

영국의 주간지 〈이코노미스트〉 2010년 8월 13일자는 '터보 엔진 단 독일(Turbocharged Germany)' 제목으로 독일의 경제 성장을 부각시키며, 유로 존에서 가장 큰 경제 대국인 독일의 수출 호조는 중국과 인도 같은 떠오르는 시장(emerging markets)의 수요 덕이다라고 평했다. 독일은 중국의 발전소와 인프라를 구축하는데 필요한 부품과 장비를 제공하고 있다. "독일의 엔지니어링과 경쟁력있는 자동차들은 신흥 공업국들의 신흥 부자들의 필요를 충족시키고 있다."고 〈이코노미스트〉는 덧붙였다.

독일 제조업이 국제 경쟁력을 갖는 점을 노사관계 측면에서 언급할 사항이 있다. 독일의 고용 시장은 미국처럼 호황과 불경기에 따라 '채용과 해고 문화(hire-and-fire culture)'가 아니라, 경영진은 불경기 때는 근로자의 근무 시간을 줄여 인건비를 절약한다. '단축 노동 프로그램 (Kurzarbeit)'이라 불리는 이 제도는 기업들이 경기침체 때 근로자를 해고하는 대신 근무시간을 줄이면 정부가 기업에 보조금을 주는 프로그램이다. 따라서 상품 수요가 다시 생길 때면 새로운 근로자 채용을 거치지 않고 기존 근로자들의 경험과 기술을 그대로 활용할 수 있는 강점을 지녔다. 게다가 미국 기업들이 생산단가를 낮추기 위해 제조산업을 중국과 같은 저임금 국가로 옮긴 것과는 달리, 독일 제조업은 저임금 국가로 생산 기지를 옮기지 않고, 기술혁신과 기술 축적을 통해 생산성을 높였다.

독일인들의 근면과 성실이 덕목으로 자리잡은 근로환경에 더하여, 독일 노동자들은 한 번 고용되면 쉽게 해고하지 않는 경영진에 대한 신뢰감을 갖고 있어, 경쟁사의 급여 조건이 낫더라도 기존 회사에 대한 충성심을 더 나은 근무조건과 좀처럼 바꾸지 않는다. 물론 독일의 사회보장제도가 이런 풍토에 일조하고 있다. 이러한 독일식 사회민주주의형 자본주의를 '라인 자본주의(Rhine Capitalism)'라 칭한다. 영국과 미국의 시장중심의 자본주의와 구분되는 라인 자본주의는 증시보다는 은행을 중심으로 자본을 조달하고, 연구개발에 장기투자하며, 노사의 사회적 파트너십이 강하다는 특징이 있다.

미국과 영국의 젊은 세대들은 대학에서 경영 또는 경제를 전공하고, 대학원에서 MBA(경영학 석사)를 취득한 후 높은 호봉의 금융계에 진출하려는 것이 삶의 목표처럼 보인다. 이와는 달리, 독일 사회는 기술직과 상업에 종사하는 사람들에 대해서 우대하는 풍토를 지녔다는 점도 경제 성공의 패턴이 미국은 모기지를 이용한 금융(파생) 상품에서 그리고 독일은 전통적 장인정신의 산물인 고급자동차에서 다르게 나타나는 이유가 된다. 같은 맥락에서 영국의 〈이코노미스트〉 2010년 3월 11일자는 앵글로 색슨식 성장모델은 금융과 부동산버블에 바탕을 둔 것인 반면, 독일경제는 노동자가 사용자와 함께 협력하고 제조업이 서비스업보다 대접받는 풍토에서 성장했다고 분석했다.

독일 경제 성공의 또 다른 요인은 그들의 절제된 소비문화이다. 독일의 결제 관행은 미국은 물론 심지어 다른 유럽국가와도 다른 점이 있다. 독일은 신용카드로 결제하는 경우가 다른 국가들에 비해서 적다. 많은 소매점이 신용카드를 받지 않고 현금이나 직불카드로만 지불이 가능하다. 이런 점에서 독일을 방문하는 외국 여행자들에게는 불편을 주기도 하지만, 독일 국내 소비자들은 자신의 자금 사정이 허락하지 않는 경우를 넘어서 과다한 소비를 하지 않는다. 근검 절약의 전통이 있는 독일 사회에서는 이것을 당연하게 여긴다.

물론 독일은 신용카드 사용 빈도가 미국에 비해서 낮기 때문에 신용카드를 통해 현금 서비스를 받는 경우도 드물다. 이처럼 독일의 소비자들은 신용카드를 무절제하게 이용해 빚을 지고, 높은 이자를 물면서도 신용카드를 사용하는 다른 국가의 소비자들과는 소비성향 자체가 다르기 때문에 개인파산도 적을 수 밖에 없다. 이러한 사실이 독일인들의 소비가 적어 내수시장에 활력을 주지 못하는 측면도 있지만, 독일 국민들의 개인 재무 상태는 안정성을 지니게 되는 것이다.

게다가 독일의 자기주택소유비율은 42퍼센트로써 유럽연합 회원국 중 가장 낮고, 미국의 66퍼센트보다 낮다. 실제로 독일에서 서브프라임 모기지로 주택을 구매한다는 것은 불가능하다. 하지만 이는 독일 경제가 건전하다는 반증이기도 하다. 즉, 비 생산적인 주택시장에 독일의 재정이 얽매여있지 않고 따라서 저축률도 다른 나라보다 높은 것이다. 《우리만 모르는 5년 후 한국경제》에서 나는 이렇게 결론지었다.

금융시스템의 건전성은 풍부한 자본력을 요하지만 그에 앞서 탄탄한 제조업이 근간이 된 경제 구조에서 유지될 수 있다. 이런 점에서 세계 제조산업의 쌍두마차로서 수출을 통해 재정을 늘리고 있는 독일과 중국은 금융산업을 성장 발전시킬 수 있는 유리한 위치에 있다. 반면, 미국의 제조업이 받쳐주지 않고서는 월스트리트는 기득권을 지탱할 수 없다.

유로화의 위상으로 대변되는 유럽 경제의 엔진인 독일은 중국의 저임금 노동집약적 제조업에 비해 기술집약적 고부가가치 제조업체를 보유하고 있다. 즉, 건전한 금융 시스템에 맞는 환경 측면에서 독일은 중국보다 비교 우위에 있다. 결국, 달러에 대한 과신과 그에 따른 달러 발행의 남용으로 인하여 달러가 그 생명이 다하는 날, 세계 경제는 독일을 선두로 하는 유럽 연합(EU)과 중국에 의한 새로운 G2의 등장 가능성을 열어두고 있다.

THE EUROPEAN PANDORA

제6장

유럽의 스캔들과 스포츠

THE EUROPEAN PANDORA

스위스 은행의 비밀주의

스위스의 은행 비밀주의의 전통은 중세로 거슬러 올라가지만, 최초로 법으로 명문화된 것은 1934년이다. 스위스 은행의 비밀주의는 은행 고객의 프라이버시를 보호하기 위한 것으로서, 의사와 환자 또는 변호사와 의뢰인 간의 비밀 보장 형태와 유사하다고 여긴다. 세계에서 가장 발달된 프라이빗 뱅킹 private banking 시스템을 스위스가 지닌 이유가 비밀주의에 있는 것이다. 국제 큰 손들과 검은 돈들을 맡아 줄 뿐만 아니라 국제기구들의 자금관리와 운영을 스위스에서 하는 것이 장점이라는 뜻이다.

하지만 2차 대전에서 사망한 유대인들의 금고와 예금통장은 이 비밀주의에 의해서 유가족이나 이스라엘에 제대로 전달되지 않은 것은 스위스의 이미지를 퇴색시키는 일이었다. 1999년에 세계유대인연합회가 스위스 은행을 상대로 소송을 제기하여 12억 달러를 보상금으로 요구한 적이 있다. 이어 2009년에는 세계유대인연합회 회장인 에드가 브론만이 미국 뉴욕 상원의원 알폰스 다마토와 함께 스위스 은행을 제소한 바 있다.

스위스의 허가된 금융 기관 수는 327개나 된다. 스위스 은행의 쌍두마차는 UBS와 Credit Suisse로서 스위스 전체 예금총액의 50퍼센트 이상을 차지하고 있다. 금융산업에 대해서 우호적 환경인 스위스조차 경제 위기로 돈세탁과 불법적인 관행들이 공개되면서 은행업의 인기를 많이 떨어트렸다.

많은 정부들은 자국의 부유한 납세자의 국외 탈세를 눈감아 주었다. 하지만 금융위기 이후 세입이 타격을 입어 한 푼이라도 세금으로 거두어들여야 하는 입장에 처했다. 재정위기에 처한 국가들이 우선적으로 할 수 있는 일은 세금을 더 걷어들이는 것보다 탈세를 막는 일이다. 따라서 각국이 탈세의 경로를 추적하기 시작한 상황에서 전통적인 탈세와 비밀계좌의 대명사인 스위스가 다시 도마에 올랐다. 연간 전세계의 탈세 액수는 3조 1천 억 원으로 추정하고, 스위스 은행의 예금 보유액은 2조 1억 달러로 전세계 오프쇼어 펀드의 27퍼센트를 차지한다.

먼저, 한동안 잠잠했던 스위스 은행의 비밀주의가 세간의 주목을 받은 것은 뉴욕타임즈 2012년 1월 25일 자는 미국 대선 공화당 후보 롬니의 부인이름으로 스위스 계좌에 3백만 달러가 예치되어 있는 사실을 보도했다. 이에 대해서 롬니 후배의 라이벌들은 앞다투어 이것을 들춘 일이 있었다. 롬니 후보측에서 2010년에 스위스 계좌는 폐쇄했다고 진화에 나섰지만, 왜 스위스 계좌를 개설했는 지에 의혹의 시선을 받아야 했다.

이어 2012년 2월 2일 271년 역사의 스위스 베겔린Wegelin은행이 미국인들의 탈세로 예치한 금액이 12억 달러라는 사실이 미국 검찰 기소를 통해서 들어났다. 구체적으로 베겔린 은행 직원 3명이 미국인들에게 탈세 서비스를 제공한 것으로 기소 당한 것이다. 베겔린 은행장, 콘라드 훔러는 각국 정부로부터 자기 은행 고객을 보호할 권리가 있다고 방어적 입장을 취했을 뿐만 아니라, 베겔린 은행을 비난하는 정부들에 대해서 "세금 카르텔tax cartels"과 "불법적인 국가들illegitimate states"이라고까지 반격하고 나섰다.

그러나 관측통들은 이제 아무리 훔러 은행장이 고개를 숙여도 미국의 기소로부터 베겔린 은행을 구하긴 힘들어 보인다고 전한다. 스위스 은행이 다른 정부에 의해 첫 번째 기소로 기록되는 이번 사태를 〈이코노미스트〉 2012년 2월 11일자는 "묻지마, 말하지 않을 거야Don't ask, won't tell" 태도가 스위스 비밀주의라고 비꼬았다. 미국정부의 어느 때보다도 강한 압박을 스위스 은행에 가하고 있다. 11개 스위스 은행이 미국 국제청 고객의 이름을 넘겨줄 것을 요구하고 있는 상태이다. 베겔린 은행에 대한 기소는 해외에 계좌를 소지한 많은 미국 국민들을 겁주는 효과로써 작용할 것이다.

더욱이 2013년부터 외국계좌세금추징법Foreign Account Tax Compliance Act FATCA이 발효가 되기 때문에 외국금융기관들에게 부담으로 작용하고 있다. 새로운 법령을 따라 자신들의 은행의 미국 국적 고객 계좌에 대해서 보고하지 않을 경우, 미국 투자에 있어서 30퍼센트의 원천징수를 물게 되어있다.

스위스 은행 계좌를 개설하기 위해서 신설 예금주는 자국에 내야 될 세금이나 벌금이 없다는 조항에 서명하게 되어있다. 그러나 스위스 은행들은 탈세자들을 부적절하게 보호하고 있어, 이 조항이 형식적이라는 비난을 받아왔다. 이에 대한 해결방안으로 2003년 미국 재무부와 스위스 정부는 수입세에 대한 정보 공유 협약을 체결해서 세금 관련 정보의 효과적인 교환의 통로를 마련했다.

CIA에 따르면, 돈세탁 규제 관련 규정과 제도적 장치가 있음에도 불구하고, 스위스의 비밀주의에 의해서 스위스 은행 계좌들은 돈세탁에 이용되고 있다고 밝히고 있다. 스위스 법은 탈세tax evasion 와 세금 사기 tax fraud 를 다르게 취급했었다. 탈세는 '보고하지 않는 수입non-reporting of income '으로 취급함으로써 탈법으로 보지 않았고, 세금 사기에 대해서만 합법적인 국제법의 적용 대상으로 보았던 것이다. 그런데 금융위기 이후인 2009년 OECD와 G20의 압력으로 스위스는 법을 개정하여 외국 고객의 예금에 대해서 더 이상 탈세와 세금 사기에 대한 차이를 두지 않고 있다.

스위스의 전통적인 은행 비밀주의에 대해서 반기를 든 또 다른 곳은 유럽연합EU 이다. EU 회원국들이 지리적으로 스위스에 근접해 있기 때문에 자국 납세자들의 탈세 통로가 되어 온 점을 들어 문제를 제기한 것이다. 따라서 EU는 세금 징수에 관해서 스위스와 공소 요구했다. 하지만 스위스 은행 관계자들은 EU의 이러한 요구에 대해서 반발을 보여별 진전이 없다.

한편, 스위스 정부는 협조 거부가 자칫 EU와의 협력관계에 장애가 될 수도 있다고 보고, 스위스 밖에서 들어오는 투자 자금에 대해서 국제적 공조를 지지하는 입장을 표명했다. 구체적으로 저축이자에 대한 세금에 대해서 EU 회원국들과 협조하는 데 동의를 했다. 2005년부터 스위스는 EU 회원국 거주자들의 예금 이자에 대해서 세금을 부과하고 있다.

미국의 강력한 입장과는 달리, 독일과 영국은 스위스가 고객계좌를 익명으로 하는 전통을 깨도록 압력을 가해서 아무런 이득이 없는 것은 실리적이지 않다고 판단하고 스위스 정부와 양자협약을 통해서 스위스 계좌를 갖고 있는 자국민에게 원천세금을 내도록 하는 방안을 강구하고 있다. 이 양자 협약에서 계좌 소유자의 신원은 밝히지 않는 조건이기 때문에, 스위스가 유리한 협상을 한 것이라고 보고 있다. 아무튼 이 협약을 통하여 영국은 최대 70억 파운드110억달러 의 세금을 스위스로부터 받을 수 있다는 기대에 부풀어 있다. 스위스가 이와 같이 독일, 영국과 협약이 이루어지면 스위스 금융계는 자산으로 510억 달러의 손실이 발생할 것이라고 금융전문가들은 예측한다.

스위스 은행의 입지를 궁지에 몰아넣은 두 사람이 있는데, 한 명은 스위스 프라이빗 은행 중 가장 큰 율리어스 바에어Julius Baer 은행의 케이맨 제도Cayman Islands 에서의 불법 영업 문서를 위키리크스에 넘긴 루돌프 엘머와 UBS에 대한 문서를 공개한 브래들리 비르켄펠트이다. 결과적으로 2월 6일 율리어스 바에어 은행장은 미국 국세청에 벌금을 물게 되었고, UBS도 법률적인 문제를 해결해야 되는 상황이다.

스위스 은행들은 이러한 손실을 보충하기 위한 계획으로 정치적으로 불안정한 개발도상국의 부유한 고객들을 유치하는데 초점을 둔다. 즉, 스위스가 은행 비밀주의를 유지하지 못할 바에는 가난한 나라 부자들의 재산관리를 돕는 것이 수익성이 좋다는 것이다. 현재 국적별로 스위스 은행 계좌 소지자가 가장 많은 나라는 인도와 파키스탄이다.

유럽연합 EU의 수치, 에타 ETA

유럽연합EU 내부에서 역사적 앙금을 안고 태동한 대표적 두 무장 단체는 IRA와 ETA이다. IRA 문제는 평화적 타결점을 찾아 북아일랜드와 영국에서 테러 위험은 거의 사라졌지만, 스페인 바스크 지역의 ETA의 테러 활동은 여전히 스페인의 두통거리이다. ETA는 스페인 내부문제이지만 스페인의 EU 내 비중을 감안했을 때 EU에게도 치욕적인 문제가 된다.[1]

그러던 차에 2011년 10월 20일 ETA는 무력 투쟁을 포기한다고 발표하며, 스페인, 프랑스 정부와 이를 실행하기 위한 대화를 제안했다. 이러한 무장세력 ETA의 무력 종식 선언이 지난 반세기 동안 지속되어 온 테러의 종식을 의미하는 것인지 관심이 쏠리고 있다.

ETA는 바스크어 'Euskadi Ta Askatasuna'의 약자로 바스크 조국과 자유Basque Homeland and Freedom를 뜻한다. ETA의 궁극적인 목표는 스

---

[1] 조명진, '진정한 휴전인가 또 다른 기만인가', 시사저널 [1150호], 2011.11.02.

페인과 프랑스로부터의 독립을 쟁취하는 것이다. ETA는 지금까지 1989년, 1996년, 1998년 그리고 2006년 다섯 차례나 휴전 선언을 했지만 곧바로 이를 깨트린 적이 있다. 하지만 이번 휴전 선언은 "무력 행동의 절대적인 종식definitive cessation of its armed activity"이라고 발표했다. 물론 그간 ETA의 수 차례에 걸친 휴전 발표와 불이행으로 봤을 때는 확신하기엔 아직 시기 상조이다.

더욱이, 북아일랜드의 IRA가 무장 항쟁을 포기한 후에도 Real IRA라고 불리는 내부 일탈된 그룹이 ETA에서도 발생할 수 있다. Real IRA에 의해서 북아일랜드에서 테러 행위가 간헐적으로 지속되고 있는 상황을 봤을 때 바스크의 경우에도 예외가 아닐 수 있기 때문이다.

ETA는 1959년 바스크의 독립을 위해 창설된 이래로 829명의 목숨을 앗아갔고, 수천 명을 부상시킨 테러 행위를 저질렀다. 1968년 구아르디아 시빌스페인 테러 진압 부대 군인 호세 파르디네스 아르카이가 ETA 테러의 첫 번째 희생양이 된 것을 시점으로 보면, ETA의 실질적인 무력 항쟁 기간은 40년이 넘는다. 스페인과 프랑스에 수감 중인 ETA 대원의 수는 700명이나 된다. 그리고 현재 적극 활동중인 ETA의 대원 수는 200여 명 그리고 400여 명의 지지자들이 있다고 스페인 당국은 추정한다.

ETA는 바스크 민족주의를 기치로 한 5개 정당 중에 하나인 급진좌파 바타수나Batasuna의 산하조직이다. 지금은 불법단체로 규정지어진 바타수나당을 제외한 나머지 바스크의 4개 정당인 EAJ-PNV, Eusko Alkartasuna, Arala은 무력을 거부한다. 스페인과 프랑스 국경 지대의 산악지방인 바스크 지방의 인구는 스페인 전체 인구 2천 5백 만 중에

66만 명으로 소수민족이다. 이 지역에서 고유한 바스크어는 25.7퍼센트 만이 사용한다. 인구 분포로 보면 61만 명이 스페인 영토에서 살고, 나머지 5만 명은 프랑스령 바스크 지역에 거주하고 있다.

ETA의 무력 항쟁이 가장 극심했던 시기는 1978년에서 1980년 사이 ETA에 의한 사망자 수가 각각 68명, 76명, 98명이었다. 그 이후 ETA의 테러 행위는 후안 카를로스 국왕에 대한 암살 미수도 포함되어있는데, 무엇보다도 스페인 국민에게 충격을 준 테러는 1997년 스페인 국민당 People's Party 의원인 미구엘 블랑코 납치 사건이었다. 6백 만 명이 넘는 스페인 국민들이 거리로 나와 석방 시위를 벌였지만, 수감된 ETA 회원 전원의 석방 요구를 들어주지 않자, 블랑코 의원은 총살된 채로 발견되어 ETA에 대한 스페인 국민적 분노는 더욱 커졌다.

ETA의 무력 항쟁 포기 발표 배경

'스페인 정부의 단속으로 ETA의 세력이 위축돼 무장투쟁 포기와 노선 전환이 요구되고 있는 상황이다'라는 일부 언론보도는 ETA의 무력항쟁 포기에 이르는 배경 설명으로는 충분하지 않다. 물론 ETA지도부의 검거는 조직의 약화로 이어졌다. 2000년 ETA의 스페인 정부요인들에 대한 암살테러가 다시 시작되었고, 이에 대한 스페인 경찰의 대비 또한 더욱 강화되었다. 2002년 스페인 중앙정부는 바스크 청년들의 민족주의 운동을 불법행위로 규정지었고, ETA의 정치적 조직인 바타수나를 불법 단체로 규정함에 따라 ETA는 조직력이 흔들리게 되었다. 2004년 프랑스 경찰이 ETA 최고 지도자 미켈 안차와 2인자 펠릭스 알베르토

로페스를 체포하였고, 2009년 ETA의 행동 대장인 주르단 마르티게기의 검거에 이르렀다.

하지만 ETA의 약화의 주된 원인은 바스크 민족 내에서 조차 지지기반을 잃고 있다는 사실에서 기인한다. 1975년 스페인에 민주정부가 들어서고 ETA의 진보적 급진주의는 서서히 지지층을 잃고 있었고, 1997년 미구엘 블랑코에 대한 납치와 암살로 더욱 분명하게 ETA는 동정세력을 잃었다. ETA에 대한 바스크 민심은 ETA와 동일시하는 정당인 구 바타수나당인 에우스칼 에리타로크Euskal Herritarrok당은 1998년 바스크 의회 선거에서 17.7퍼센트를 획득한 반면, 2001년 선거에서 10퍼센트를 득표한 결과에서 나타난다.

게다가 바스크 사람들이 ETA를 어떻게 생각하는 지를 묻는 바스크 대학교에서 실시한 2009년 여론 조사에서 64퍼센트의 응답자가 ETA를 거부했고, 13퍼센트가 ETA에 동정적이라고 응답했다. ETA를 전폭 지지한다는 응답자는 1퍼센트에 불과했다. 심지어 바타수나 당 지지자의 48퍼센트가 ETA의 무력항쟁을 거부한다고 답했다. 바스크 내부에서도 ETA의 지지 기반 약화는 그 만큼 ETA의 입지를 더욱 좁게 만들고 있는 것이다.

전망

과거 ETA의 네 차례에 걸친 휴전 발표와 불이행으로 봤을 때. 현재로서 ETA의 무력항쟁 포기 선언을 성실히 영구적으로 실행할 지는 미지수이다. 분명한 것은 ETA의 입지 약화로 종전의 강경노선에서 후퇴할 수밖에 없다는 것이다. 하지만 간과해서는 안 되는 것은 IRA의 경우에서 보듯이 무력항쟁 포기가 독립 투쟁을 포기한다는 뜻이 아니라는 점이다. 즉, 무력 항쟁 포기giving up the armed fight와 무장 해제giving up the arms는 다른 것이다.

더불어 북아일랜드의 IRA문제처럼 바스크의 ETA문제도 정치적 돌파구를 찾는 것이 유럽연합EU의 통합 기치에도 부합된다. 이 점에서 EU의 핵심 회원국인 스페인과 프랑스의 공조를 통해서 ETA 문제의 평화적 해결책이 나오기를 세계인들은 바라고 있다.

부르카 착용 금지의 의미

리프킨은《유러피언 드림》에서 유럽의 다문화 수용의 모습이 미국보다 관대하다는 점을 부각시킴과 동시에 문제점도 다음과 같이 지적하고 있다.

> 유러피언 드림은 자신의 문화적 정체성을 보존하고 다문화 세계를 수용하는 데 그 기반을 두고 있다. 아메리칸 드림은 애국주의에 집착하는 반면 유러피언 드림은 세계주의적 색채가 강하다. 그렇다고 유럽이 갑자기 유토피아가 됐다는 얘기는 아니다. 포괄성, 다양성, 문화 정체성 등에 관한 수사에도 불구하고 유럽인들은 새로 도착하는 이민자들과 난민들에 대해 점점 더 적대적이 되어 가고 있다. 반유대주의가 다시 고개를 들고 있고 이슬람 및 소수 종교 신자들에 대한 차별이 강하게 표출되고 있다.《유러피언 드림》25 쪽.

리프킨이 지적한 유럽내의 이슬람과 유대교를 포함한 소수 종교에 차별화의 현상 중에 두드러진 것이 부르카 착용금지에 대한 것이다. 벨기에는 2009년 4월 부르카 착용 금지 법안을 유럽에서 처음 통과시킨 국가가 되었다. 하지만 유럽에서 부르카 착용을 먼저 사회 문제시한 것은 프랑스이다. 프랑스는 이미 2004년 학교에서 히잡_{이슬람 여성이 머리에 두르는 스카프} 등 종교적 상징물을 착용하는 것을 금지하는 법률을 통과시킨 바 있다.²

참고로 니카브_{Niqab}와 부르카_{Burqa}는 머리부터 발끝까지 신체를 가리는 이슬람 전통 복장인데, 눈만 드러낸 것이 '니카브'이고, 눈 부분까지 망사로 되어있어 신체의 모든 부분을 가리는 것이 '부르카'이다.

유럽국가 중에 관용_{tolerance} 측면에서 점수를 높게 받는 나라는 프랑스이다. 그런데 프랑스가 앞장서서 이슬람 여성들의 부르카 착용을 금지하는 법안을 추진 중이고, 2010년 7월에 의회를 통과했다. 독일과 같이 전통적으로 외국이민자에게 곱지 않은 시선을 보내는 유럽국가도 아니고, 왜 프랑스 사람들이 먼저 이슬람 전통에 대해서 노골적으로 거부감을 드러내고 있는지 살펴본다.

---

2 조명진, 유럽국가들의 '이슬람 전통' 벗겨내기, 시사저널 [1073호], 2010.05.12.

먼저 근본적인 원인은 유럽 내에서 가장 많은 무슬림이 거주하는 나라가 프랑스로서 인구의 10퍼센트에 해당하는 600만 명이 거주하고 있다는 점이다. 따라서 다른 유럽국가보다도 반 이슬람 정서가 더 두드러진 환경을 형성하여, 외국 이민자를 돌려보내자는 정치 강령을 내세운 르 팡이 이끄는 극우당Front National이 지지를 얻고 있는 배경이 되기도 한다.

프랑스에서 부르카를 착용하는 이슬람 여성의 수는 10만 명으로 추산하고 있는데, 부르카를 착용하는 이슬람 국가는 주로 파키스탄과 아프가니스탄이다. 그리고 눈이 보이는 니카브는 아라비아 반도국가와 걸프 지역 국가에서 착용한다.

독일 인구는 프랑스 인구보다 2천 만 명이 많지만, 독일 거주 모슬렘은 400만 정도로 추산하고 있다. 그 중 300만 명에 해당되는 무슬림이 터키 출신이다. 역사적으로 제 1차 세계대전 당시 터키는 독일 편에서 싸운 혈맹이다. 반면, 프랑스 무슬림 이민자들의 대부분은 구 식민지 출신들이라는 차이점이 있다. 즉 독일 무슬림과 프랑스 무슬림은 해당국 사회에서 보는 시각이 많이 다르다. 게다가 터키출신 무슬림들의 유럽 관점에서 볼 때 "특이한" 전통 복장을 하고 다니지 않는다.

그동안 부르카에 대해서 문제삼지 않았던 프랑스를 비롯한 벨기에, 네덜란드 같은 유럽 국가들이 참지 못하고 신경을 곤두세운 데는 9·11 이후로 번져가는 반 이슬람정서anti-Islamic sentiment에 기인한다. 구체적으로 유럽에서 반 이슬람 정서는 덴마크 만평에 대한 이슬람 세계의 거센 반발, 그리고 이슬람을 폄하하던 네덜란드 고흐 감독의 암살, 그리고 파리 북부에서 프랑스 경찰의 과잉진압에 대한 무슬림 이민자들의 데모 등, 유럽에서는 표현의 자유로 받아들여지는 부분인데 유럽에 사는 무슬림은 그들의 분노를 억제하지 않고 표출해 온 것을 유럽인들은 목격해 왔던 것이다.

즉, 유럽인들은 그간 불공평 unfairness을 감내해 왔는데, 이제는 그 인내심이 한계에 도달한 것이다. 잘 지내는 이웃이 설령 마음에 안 드는 점이 있어도 참지만, 못마땅한 이웃이 마음에 안 드는 행동을 하면, 따지고 드는 것과 같은 격이다.

유럽인들이 아랍국가에 가면 그곳 법과 관례를 따른다. 이슬람국가에 가면 술 마시는 것은 금지되었기에 술을 마시지 못하고, 장소에 따라 노출 있는 옷은 입지 못한다. 다시 말해 유럽인들은 이슬람 현지법과 관습을 존중하는 반면, 무슬림은 유럽에 와서 이슬람 식으로 살고 있다는 "상호주의 reciprocity" 측면에서 불공평하다는 사실을 느끼기 시작한 것이다.

유럽 사람들의 일반적인 의견은 얼굴 전체를 가리는 부르카를 하고선 유럽인들과 소통할 수 없다고 생각한다. 심지어 소통하지 않겠다는 모습으로 비춰어지기도 한다. 즉 부르카는 "통합"을 저해하는 요소로 보고 있다. 로마에 가면 로마 방식대로 하라는 말처럼, 유럽에 살면 유럽식 문화를 따라야 하는데, 유럽인들과 더불어 살 의사 없이 자신들의 전통문화를 유지하는 방편으로서 부르카를 착용하는 것을 사회통합을 막는 요소로 보기 시작한 것이다.

2009년 6월 사르코지 대통령은 "부르카는 종교의 상징물이 아니고 여성 굴종의 상징물이다The burqa is not a sign of religion, it is a sign of subservience."라고 하며 프랑스에서는 이처럼 여인을 죄수처럼 가두고, 신원을 파악할 수 없어 사회적 활동을 차단하는 비 인권의 상징물은 받아들일 수 없다고 밝혔고, 이러한 공언이 법적 조치로 이어지고 있다.

2009년 5월 카이로를 방문한 오마바 대통령의 연설에서, 서구국가들이 무슬림 문화와 종교를 존중하여, 서구적인 시각에서 무슬림 여성이 어떤 옷을 입어야 하는 지를 정해서는 안 된다고 주장한 것과 대조를 이루는 대목이다. 또한 사르코지 대통령의 주장과 같은 맥락에서 에릭 베쏭 이민장관은 "프랑스에서는 누구나 두려움 없이 입고 싶은 대로 입을 자유가 있다."고 말하면서, "부르카는 평등을 추구하는 프랑스 정체성에 위배된다."고 말한 바 있다.

반면, 프랑스인 중에는 전통적인 관용tolerance의 모습을 보이는 사람도 있다. 방셍 펠롱 사회당 의원은 "부르카는 프랑스의 정체성에 아무런 위협을 주지 않는다."라고 말하면서 새로운 법안을 비난한다. 이와 함께 앰네스티 인터네셔날도 부르카 착용 금지는 인권침해라고 보고 있다. 게다가 프랑스 최고 행정기관인 국가평의회State Council는 2010년 3월 사르코지 대통령이 추진하는 얼굴을 가리는 복장에 대한 전면 금지조치는 프랑스 헌법과 EU 인권헌장에 위배된다고 경고를 한 바 있다. 그럼에도 불구하고 문제는 프랑스 의회 내에서 부르카 금지를 입법화하는 것에 폭넓은 지지가 형성되고 있다는 것이다.

'똘레랑스tolerance의 나라' 프랑스는 이제 평등과 공평성을 동일시하는 사회가 되어가고 있다. 프랑스인들 중에 57퍼센트가 부르카 등 전신을 가리는 이슬람 전통복장 착용 금지에 찬성한다는 여론조사가 나왔다. 이렇게 볼 때 부르카 착용 금지는 대다수majority 여론에 편승하는 프랑스 정부의 포퓰리즘populism의 방편이기도 하다.

유럽에서 부르카 착용 금지를 법안으로 추진하는 움직임은 잠복해 있던 반 이슬람감정의 표출이다. 결국 부르카 착용 금지 조치는 알 카에다를 자극해 보복을 공언하고 나서고 있어, 서구세계와 이슬람 세계가 더욱 첨예하게 대립각을 세우고 있는 양상이다.

유럽 극우 정당의 등장

9·11테러와 금융 위기는 유럽에서 극우주의의 득세를 가속화하는 환경을 제공하고 있다. 2001년 9·11 테러는 유럽의 이슬람 세계에 대한 적개심을 더욱 키워 유럽내의 이슬람 인들에 대해서 색안경을 쓰고 보도록 만들었고, 2008년 미국 발 금융 위기에 이은 2009년의 유럽 재정 적자는 유럽인들의 삶에 대한 여유를 빼앗아 감으로써 유럽 사회의 분위기를 각박하게 만드는 상황이다. 유럽의 극우주의는 이런 토양을 배경으로 그 뿌리를 내리고 있다.[3]

특히 금융 위기 이후의 유럽에서의 이슬람에 대한 반감은 그 강도가 더욱 높아져 구체적인 정책에까지 반영되고 있는 현실이다. 로마 문명

---

[3] 조명진, 유럽 극우 정당의 '이유 있는 부활', 시사저널 [1103호], 2010.12.08.

의 번성 바탕에는 이민족을 포용한 관용이 있었고, 그 전통을 미덕으로 이어받은 유럽인들이었으나 금융위기의 여파로 자신들이 생계문제에 직면하게 되자 그 미덕이 점점 축소되고 있는 상황인 것이다. 앞서 본 대로 이슬람 전통의상인 히잡, 니카프, 부르카의 착용을 금지하는 법이 프랑스에서는 이미 입법화되었으며, 네덜란드, 벨기에, 스위스에서도 현재 입법화가 진행 중인 상황이다.

스웨덴에서는 2010년 9월 네오나치즘에 뿌리를 둔 민주당이 스웨덴 역사상 처음으로 국회에 진출했다. 이어 10월 10일 오스트리아 지방자치 선거에서는 극우 정치 지도자인 하인쯔 크리스티안 슈드라헤의 득표율이 종전의 15퍼센트에서 거의 두 배 가까운 27퍼센트로 증가되었다. 같은 시점 네덜란드에는 우익 정부가 들어서면서 외국인 이민을 줄이고, 전과기록이 있는 이슬람 이민자들을 자국에서 추방한다는 발표까지 나왔다.

재정 위기로 유럽의 상당수 국가들이 긴축 정책을 펴며 예산을 줄이고 있는 상황에서 유권자들은 실직과 자녀 교육에 대해서 걱정할 수 밖에 없다. 이런 상황들이, 자국민 우선주의라는 기치하에 외국이민자들을 도외시하는 극우파가 지지를 얻고 있는 배경이다. 유럽에서 극우 정당들이 등장한 것은 1990년대부터인데, 유럽 극우 정당의 득세는 좌익 정부들의 정책 실패에 대한 유권자들의 반작용이라고 볼 수 있다.

증가 일로에 있는 유럽 극우 정당

현재 유럽연합 27개국 가운데 무려 14개 회원국오스트리아, 독일, 이탈리아, 영국, 스웨덴, 네덜란드, 벨기에, 그리스, 포르투갈, 덴마크, 헝가리, 불가리아, 슬로바키아, 라트비아에 극우정당이 존재하고, 비 EU 회원국인 노르웨이와 스위스를 포함하면 유럽의 16개국에서 극우주의자들이 정치 세력화에 성공한 상태이다. 이들 극우 정당들 중에 아직 최대 정당이 나온 것은 아니지만 이들이 제2당으로 혹은 연정에 참가하는 형태로 힘을 키우고 있어서 그 세력은 증가일로에 있는 것이 사실이다.

이들 극우정당들은 유럽의회에도 유럽국회의원MEP으로 이미 20명이 진출한 상황이며 따라서 유럽 연합이 추구하는 통합의 개념을 순수한 유럽인들의 통합으로 이끄는 폐쇄적이고 한정된 통합으로 이끌 가능성도 있다. 새로이 부각되는 유럽 정치의 중요 사안들을 과연 기존의 정당들이 극우정당들과의 연정을 통해서 어떻게 공존하면서 얼마만큼 보수적인 정책을 고수할 수 있을 지가 관건이다.

영국 동성 결혼 합법화와 캔터베리 대주교의 사임

영국 보수당과 자민당 연립 정부는 주요 정책으로 추진 중인 동성결혼 합법화 작업을 2015년까지 마무리할 계획이다. 이에 따라 내무부와 노동연금부 등은 공식 문서에서 '남편huband'과 '아내wife'라는 용어가 사라지게 된다. 그 대신 '중립적인 용어neutral term'인 '배우자spouses'와 '파트너partners'가 도입된다.[4]

영국 정부의 이 같은 용어변경 계획은 동성애자 권리보호 단체의 자

---

4 'Husband and wife' to be removed from official documents', Daily Telegraph, 16 May 2012.

문을 거친 것으로 기존의 남편과 아내라는 단어를 '남편과 아내로서 사는 커플'을 의미하는 중립적인 용어로 바뀌기 위한 것이다. 전문가들은 '남편과 아내'라는 용어가 사라짐에 따라 후속적으로 '어머니'와 '아버지'라는 용어도 다른 중립적인 단어로 바꿔야 한다고 지적하고 있다. 동성애 권리보호 단체들은 한 걸음 더 나아가 이제 이혼 대상을 남편과 아내로 규정하고 있는 이혼법률의 개정까지고 요구하고 나섰다. 영국 정부는 공식 문서의 용어 교체 작업을 위해 내무부 전산시스템비용 200만 파운드 등 450만 파운드 비용이 소요될 것으로 예상하고 있다. 이와 함께 기존에 사용하는 각종 서식들의 폐기도 불가피할 전망이다.

동성 결혼 합법화 문제는 단순히 법률적인 것만이 아니다. 영국 성공회를 대표하는 로완 윌리엄스 캔터베리 대주교는 동성 결혼 합법화 결정에 대해서 불만을 표시하며 사임한다고 발표했다. 윌리암스 대주교는 그간 동성결혼 허용과 동성애자 및 여성 주교 임명 문제를 놓고 진보진영과 갈등을 겪어왔다. 2002년 104대 캔터베리 대주교 자리에 오를 때 당시 성공회내의 진보진영이 그를 지원했던 것으로 알려져있다. 윌리암스 대주교는 사임 성명을 통해서 지난 10년 간 대주교로서 섬길 수 있었음에 영광스럽게 생각하며, 후임자는 황소의 기질과 코뿔소의 외피로 무장한 사람이 됐으면 한다는 말을 남겼다.

동성 결혼 합법화 반대에 따른 캔터베리 대주교의 사임 사태는 597년 이래, 1534년 헨리 8세에 의해서 로마 카톨릭으로부터 결별한 사건 다음으로 큰 영국 성공회의 스캔들일 뿐 만아니라 세계 기독교 역사에 오점으로 남을 일이다.

유럽의 스포츠

유럽은 유럽연합EU이라는 세계 최대의 지역블록을 통해서 세계 근대사에서 누려 온 정치와 경제면에서 주도적 위치를 공고히 하고 있을 뿐만 아니라 스포츠에서도 기득권을 유지하고 있다. 세계 스포츠에서 유럽이 차지하는 비중을 살펴본다.[5]

초대 1894 ~ 1896 데메트리오스 비켈라스 Demetrios Vikelas	그리스
2대 1896 ~ 1925 삐에르 드 꾸베르탱 남작 Baron Pierre de Coubertin	프랑스
3대 1925 ~ 1942 앙리 드 베예 라뚜르 Henri de Baillet-Latour	벨기에
4대 1946 ~ 1952 시그리드 에스트룀 Sigrid Edström	스웨덴
5대 1952 ~ 1972 애버리 브룬디지 Avery Brundage	미국
6대 1972 ~ 1980 킬래닌 경 Lord Killanin	아일랜드
7대 1980 ~ 2001 후안 안토니오 사마란치 Juan Antonio Samaranch	스페인
8대 2001 ~ 쟈크 로그 Jacques Rogge	벨기에

---

[5] 조명진, '건물도, 회장님도 취리히에 있으니…', 시사저널 [1059호], 2010.02.03.

국제 스포츠계에서 유럽의 '난공불락' 기득권

현재 올림픽의 공식 34개 종목 중에 태권도와 유도를 제외하면 모두 유럽에서 시작된 스포츠이다. 특정 스포츠를 시작한 나라, 즉 종주국이 갖는 이점이 있게 마련이다. 이러한 이점은 당사국 입장에서 보면 기득권이고, 제 3자 입장에서는 텃새로 비춰질 수 있다. 부정할 수 없는 것은 이러한 기득권을 유럽스포츠계가 국제적으로 누려왔다는 점이다.

스포츠계에서 유럽의 기득권은 먼저 스포츠 행정과 외교를 주관하는 국제 스포츠 기구들의 최고 실력자들이 유럽 출신이라는 인사상의 이점과 그러한 스포츠 기구들이 유럽에 자리 잡고 있다는 지리적 이점을 들 수 있다.

먼저 국제 올림픽 기구IOC는 스위스 로잔에 위치해 있고 최고직인 위원장은 벨기에 출신의 쟈크 로그이다. 쟈크 로그는 2001년 이후 스페인의 사마란치 위원장 후임으로 IOC를 맡아왔다. 역대 IOC위원장 중 미국 출신의 애버리 브룬디지를 빼고 나머지 7명이 모두 유럽 출신이다.

IOC위원 총 108명 중에 유럽은 45명으로 6대륙 중에 가장 많고, 아시아는 26명으로 상대적으로 적다. 이를 인구 대비로 계산했을 때 유럽은 1천 6백 만 명 당 한 명의 IOC위원을 둔 반면, 아시아는 1억 5천 만 명 당 한 명의 IOC위원을 보유하고 있는 셈이다. 한편, 주목할 만한 점은 세계를 움직이는 그림자 정부로 통하는 '빌더버그 그룹'의 핵심 인물인 헨리 키신저가 IOC 명예위원이라는 사실이다. 그만큼 IOC가 북미와 유럽 정계와 재계를 아우르는 영향력있는 인맥을 구축하고 있다

국제수영연맹 FINA	스위스	세계하키연맹 IIHF	스위스
세계양궁협회 FITA	스위스	세계아이스하키연맹 IJF	스위스
국제육상연맹 IAAF	모나코	세계역도협회 IWF	헝가리
국제배드민턴협회 BWF	말레이지아	세계루지협회 FIL	독일
세계농구협회 FIBA	스위스	국제근대5종경기협회 UIPM	모나코
국제이종경기 IBU	오스트리아	세계조정연맹 FISA	스위스
국제봅슬레이협회 FIBT	이탈리아	세계세일링협회 ISAF	영국
세계복싱협회 AIBA	스위스	세계사격협회 ISSF	독일
세계카누협회 ICF	스위스	세계빙상연맹 ISU	스위스
국제컬링협회 WCF	영국	세계스키협회 FIS	스위스
세계사이클연맹 UCI	스위스	세계탁구협회 ITTF	스위스
세계승마협회 FEI	스위스	세계태권도협회 WTF	한국
세계펜싱연맹 FIE	스위스	세계테니스협회 ITF	영국
세계축구협회 FIFA	스위스	국제3종경기연맹 ITU	캐나다
세계체조협회 FIG	스위스	세계배구협회 FIVB	스위스
세계핸드볼협회 FIH	스위스	세계레슬링협회 FILA	스위스

는 것이다.

올림픽 공식 34개 종목의 국제 기구 중 배드민턴 말레이지아, 태권도 한국, 삼종 경기 캐나다 빼고 31개 종목 본부가 유럽에 위치하고 있다. 참고로 국제배드민턴협회는 영국 첼튼햄에 있었는데 2005년에 말레이지아 쿠알라룸프로 옮겼다. 표 참조

눈에 띄는 것은 위 기구 중에 무려 19개 스포츠 국제기구가 스위스에 있다는 사실이다. 국제교육과학문화기구 UNESCO, 국제노동기구 ILO,

국제보건기구WHO, 세계무역기구WTO 와 같은 많은 국제기구들과 함께, 국제 스포츠 기구들이 유독 스위스에 위치하는 배경은 무엇인지를 분석해 본다.

첫째, 역사적으로 스위스는 중립 정책을 유지해 오면서 1차·2차 대전에도 휩쓸리지 않은 정치적으로 안정된 나라라는 점이다. 독일을 이웃 나라에 둔 스위스로서 그저 영세중립국을 표방하면 그것이 유지되는 것은 아니다. 일종의 '타협'을 한 것이다. 2차 대전 시 독일군에 탄약과 포탄을 공급하는 군수공장들이 스위스에 있었다. 게다가 독일의 신임을 얻었기에 독일 금괴를 보관했던 나라가 스위스이다.

둘째, 스위스는 금융업이 발달한 나라다. 앞서 중립을 유지하기 위한 방편으로 '타협'을 했다고 언급했는데, 이와 같은 맥락에서 스위스 금융업의 특징은 비밀주의이다.

셋째, 스위스의 특성은 정확성이다. 이러한 정확한 문화적 배경에서 스위스는 400년 전통의 세계적인 시계산업을 발전시켰다. 비밀주의와 정확성의 풍토에서 금융업과 시계산업이 스위스에서 발달한 것이다. 요약해서 말하자면, 스위스에 국제기구가 자리 잡는 이유는 안정되고, 비밀을 잘 지켜 돈을 맡길 만큼 신뢰할 만 하고, 정확하게 일을 처리하는 스위스의 제반 환경에서 비롯된 것이다.

월드컵 개최 유럽 10회, 아시아 아프리카 각각 1회

제1회 하계 올림픽은 1896년 그리스 아테네에서 개최되었고, 최근 하계 올림픽은 2008년 북경에서 29번째 대회를 가졌다. 참고로 제1차 세계대전과 2차 세계대전 중이던 1916년, 1940년, 1944년의 3회 대회는 취소되었지만 기록에는 넣는다. 한국이 최초로 참가한 하계 올림픽은 1948년 런던 하계 올림픽이다. 앞으로 2012년과 2016년 올림픽은 런던과 브라질 리오데 자네이로에서 개최될 예정인데, 유럽은 통산 17회 하계 올림픽을 유치했고, 아시아는 1964년 동경 올림픽, 1988년 서울 올림픽, 그리고 2008년 북경 올림픽 등 3차례 올림픽을 개최했다.

1회 동계 올림픽은 1924년에 프랑스의 샤모니에서 열렸고, 캐나다 밴쿠버 올림픽까지 21회 대회를 개최해왔다. 역대 동계 올림픽 중 14회를 유럽에서 유치했다. 특이할 만한 것은 2차 대전 중인 1940년과 1944년은 전쟁으로 대회가 열리지 않았는데, 전쟁 후 스위스 쌩 모리츠St. Moritz 동계 올림픽에는 전쟁을 일으킨 독일과 일본을 초청하지 않았다. 한국이 동계 올림픽에 처음 참가한 것이 바로 쌩 모리츠 올림픽이었다.

아시아에서의 동계 올림픽은 일본이 삿뽀로와 나가노에서 1972년과 1998년에 두 차례 개최한 것이 전부다. 최다 유치국은 프랑스와 미국으로 각각 세 번 동계올림픽을 주최한 바 있다. 한국은 평창이 두 번의 유치에 실패했지만, 2018년 동계 올림픽 유치에 성공했다.

IOC에 소속되어 있으면서 IOC보다 더 큰 영향력을 행사하는 국제축구연맹FIFA는 스위스 취리히에 위치해 있고, 회장은 스위스 사람 블래터이다. 블래터 회장은 올림픽 운동을 실천함에 있어서 2010년 가장 영향력을 행사할 인물 1위에 오르면서 2위를 차지한 IOC로그 위원장을 앞지른다. 더불어 포브스 잡지에서는 세계에서 가장 큰 권력을 행사

• 역대 FIFA 회장 명단

초대 회장	1904~1918	로베르 게랭 Robert Guérin	프랑스
2대 회장	1906~1918	다니엘 벌리 울펄 Daniel Burley Woolfall	영국
3대 회장	1920~1921	줄 리메 Jules Rimet	프랑스
4대 회장	1954~1955	로돌프 셀드라이에르 Rodolphe Seeldrayers	벨기에
5대 회장	1956~1961	아서 드루어리 Arthur Drewry	영국
6대 회장	1961~1974	스탠리 루스 경 Sir Stanley Rous	영국
7대 회장	1974~1998	주앙 아벨랑제 Dr. João Havelange	브라질
8대 회장	1998~	조셉 블래터 Joseph S. Blatter	스위스

하는 인물로서 53위에 랭크된 바 있다. 블래터 회장은 이미 1999년부터 IOC위원직을 갖고 있으며, FIFA 회장 4년 임기는 2011년에 만료되지만, 재선을 공표한 상태다.

블래터 회장은 건강이 허락하는 한 자신이 세계 축구발전에 기여하고 싶다고 말했는데, 이는 2018년까지는 회장직을 연임하여, 유럽에서 월드컵이 개최되는 것을 FIFA 회장의 자리에서 보고 싶은 개인적인 야망을 드러낸 것이다. 2018년과 2022년 월드컵을 러시아와 카타르에게 유치하기로 결정되는데, 카타르 선정을 두고 FIFA내 뇌물수수 스캔들이 불거져서 블래터 회장은 불리한 입장에 놓인 것이 사실이다.

FIFA는 1904년 프랑스, 벨기에, 덴마크, 네덜란드, 스페인, 스웨덴, 스위스 7개국 축구협회가 공동으로 창단했는데, 축구 종주국인 영국과 축구 강국 독일은 창단 멤버가 아니었다. FIFA 역대 회장을 보면 100년 넘는 역사상 브라질의 아발랑제 회장 재임을 제외하고 모두 유럽 출신

• 역대 월드컵 성적

연도	우승국	준우승국	개최국
2006	이탈리아	프랑스	독일
2002	브라질	독일	한국/일본
1998	프랑스	브라질	프랑스
1994	브라질	이탈리아	미국
1990	서독	아르헨티나	이탈리아
1986	아르헨티나	서독	멕시코
1982	이탈리아	서독	스페인
1978	아르헨티나	네덜란드	아르헨티나
1974	서독	네덜란드	서독
1970	브라질	이탈리아	멕시코
1966	잉글랜드	서독	잉글랜드
1962	브라질	체코슬로바키아	칠레
1958	브라질	스웨덴	스웨덴
1954	서독	헝가리	스위스
1950	우루과이	브라질	브라질
1946	2차 대전으로 취소		
1942	2차 대전으로 취소		
1938	이탈리아	헝가리	프랑스
1934	이탈리아	체코슬로바키아, 이탈리아	
1930	우루과이	아르헨티나	우루과이

이 회장직을 맡아왔다.

월드컵을 대륙별로 유치한 회수를 보면, 유럽 10회, 북미/남미 6회, 아시아 1회, 아프리카 1회로 단연 유럽이 앞선다. 그리고 대륙별로 우승국가를 보면, 유럽 9회 우승 이탈리아 4회, 독일 3회, 15회 준우승 독일 3회,

남미 9회 우승브라질 5회으로 유럽과 남미가 동율로 9회 우승이지만 준우승 회수에서 유럽이 15회로 남미 2회 보다 앞서기 때문에 더 나은 성적을 보여왔다.

2010년 남아공 월드컵에 참가하는 최종 엔트리 32개국 중에 유럽은 13개국이 진출한다는 점만 보아도 유럽의 기득권을 알 수 있다. 전세계 FIFA 회원국은 총 208개이고, 그 중 유럽의 FIFA 회원국 수는 아프리카와 같이 53개인데, 최종 엔트리에 아프리카는 개최국 남아공을 제외하면 5개국이 참가하게 되고, 45개 FIFA 회원국을 둔 아시아는 4개국이 참가하는 불균형을 보인다.

유럽 인구는 약 7억으로 68억 세계 인구의 11퍼센트밖에 차지하지 않는다. 그럼에도 불구하고 인구 비중으로만 보아서 38억의 아시아 인구에 비하면 너무도 커다란 이권을 차지하고 있는 것이다. 아시아 국가 중에 한 나라 인구가 유럽 전체 인구를 넘는 나라로 두 나라가 있는데, 바로 13억인 중국과 12억인 인도이다. 성적에서 나타나듯이 경기력 수준이 유럽이 높은 것은 사실이지만, 다른 대륙에 비해 많은 국가가 출전권을 얻는 것은 '원조'로서 기득권을 누리는 부정할 수 없는 사실이다.

FIFA 안에 소속되어 있는 유럽축구연맹UEFA은 스위스 제네바에 위치해 있고 회장은 프랑스의 축구영웅 미셸 플라티니가 맡고 있다. 유럽에 국한된 스포츠 조직인 UEFA까지 언급한 이유는 국제 스포츠 기구의 회장들이 체육인 출신이라는 점이다. 쟈크 로그 IOC 위원장은 1968년 멕시코 올림픽, 1972년 뮌헨 올림픽, 그리고 1976년 몬트리올 올림픽에 벨기에 국가대표 요트 선수로 참가한 체육인이다. 블라터 FIFA 회장 또한 스위스 아마추어 상위리그에서 선수생활을 했다. 이처럼 국제 스포츠 기구의 회장을 행정력을 겸비한 체육인이 맡고 있다는 사실은 재계 거물들이 차지하는 아시아 스포츠 단체장들과 사뭇 비교된다.6

IOC와 FIFA 역대 회장들의 공통점은 우연히도 8명의 회장이 100년 간에 걸쳐 두 스포츠 기구를 장기 집권했다는 것과, 한 명을 제외하고 모두 유럽인들이 그 자리를 차지했다는 점이다. 유럽에서 올림픽과 월드컵을 가장 많이 유치했다는 점보다도 더 중요한 것은 세계에서 가장 큰 이 두 스포츠 제전을 어떤 국가가 주최하게 되던, 대회 방송권과 광고수입금은 유럽에 있는 IOC와 FIFA가 관리한다는 점이다. 재정권 행사를 누가하느냐가 바로 힘이 어디서 나오냐를 결정하는 요소다. 더불어 지리적인 이점을 살려 오메가와 롤렉스 같은 스위스 기업들은 올림픽과 세계 골프대회 등에 공식 스폰서를 맡고 있고, FIFA의 자금은 투명성에 의혹을 불러일으킨 적이 많은 UBS은행에서 관리하고 있다.

유럽인들에 의해서 시작된 국제 스포츠 행사는 더 이상 그들만의 경기가 아니라 세계인의 경기로 자리 잡고 있다. 아시아 국가들은 '객客' 에서 이제는 '주인' 역할을 하고자 나섰으나, 유럽이 쌓은 스포츠 세계의 철옹성에 도전하기는 아직 역부족이다. 즉, 올림픽과 월드컵이 서구세계

---

6 한국의 경우, 이건희 삼성 전 회장은 대한레슬링협회장을 지냈고 재임 때 국제올림픽위원회 IOC 위원에 당선됐다. 박용성 전 두산그룹 회장은 IOC 위원을 거쳐 현재 대한체육회 회장 겸 대한올림픽위원회 KOC 위원장을 맡고 있다. 정몽구 현대·기아차그룹 회장의 아들 정의선 부회장은 2005년부터 대한양궁협회 회장을 맡고 있고, 최태원 SK그룹 회장은 2008년 말 대한핸드볼협회 회장에 취임했다. 조양호 한진그룹 회장은 2008년부터 대한탁구협회 회장을 맡아왔다.

만의 스포츠 제전은 아니라고는 하나, 아시아의 위상을 높이기 위해서는 유럽 전체보다 인구가 많은 중국과 인도가 경제력 측면에서만이 아니라, 경기력과 스포츠 외교 측면에서 분발해 주지 않는 한 한국과 일본의 분투만으로는 '국제대회'로서 다채로운 색상을 보태는 것에 불과하다.

하지만 그간 서양인들의 독무대로 여겨졌던 골프, 수영, 스케이트, 야구 같은 종목에서 한국과 일본 선수들이 두각을 보이는 것은 매우 고무적인 일이다. 더불어 아시아 선수가 세계 무대에서 선전할 때 같은 아시아인으로서 축하해 주는 탈 국수주의적인 모습이 필요하다고 생각한다.

Tip · ETA는 테러 조직인가 분리주의 단체인가?

유럽연합을 비롯한 미국, 영국 그리고 캐나다 정부도 공식적으로 에타(ETA)를 테러 조직(terrorist organization)으로 분류하고 있는 반면, 서방 언론은 바스크의 무장단체를 분리주의 단체(separatist group)라고 표현한다. 이는 지금은 해체된 북아일랜드의 무장 테러 조직 IRA와 같은 맥락이다. 왜 이러한 이중적인 잣대로 ETA와 IRA의 정체를 묘사하는 것일까?

설명 가능한 이유 3가지를 들자면, 첫째 시각에 따라서 이 단체를 테러 단체 또는 독립운동 단체로 볼 수 있기 때문이다. 이러한 자세는 팔레스타인 해방 기구(PLO)에도 적용된다. 팔레스타인 입장에서 보면 PLO는 이스라엘을 상대로 독립 운동을 벌이는 단체인데도, 창단 초창기 서방세계는 PLO를 테러집단으로 규정했다. 그러나 중동 평화 협상이 진행되고 대화의 상대로 간주하다 보니 더 이상 테러 집단이 아닌 팔레스타인을 대표하는 정체성있는 기구로 인정받은 바 있다는 점을 주목해 볼 필요가 있다. 따라서 서방 언론들은 이러한 경험에 비추어 단어 선정에 각별히 유의하는 태도를 보인다는 것이다.

둘째, 서구세계를 적으로 삼는 이슬람의 테러 조직만이 테러 단체라는 식의 간편한 이분법이다. 즉 서구세계에 대한 적대감을 무력항쟁으로 이끄는 단체가 테러 조직이라는 것이다. 따라서 유럽 내에 오랜 기간 갈등요소로 상존해 온 북아일랜드와 바스크 민족 분리주의, 좀더 명확하게 독립 운동을 테러 행위로 규정하는 데서 오는 혼란, 즉 공존해야 하는 이질적인 내부의 적은 '테러리스트'라고 하기엔 무리가 따르기에 이를 피하기 위한 방편으로 풀이된다.

셋째, 서방 정부들은 테러 조직이라고 규정하는데, 유독 언론은 완곡한 분리주의 무장단체라고 표현한다는 점에서 서방 언론의 극도의 조심성에서 기인한다. 바스크의 독립을 요구하는 ETA행동 대원들을 테러리스트로 표현했을 경우에 받게 될 보복을 두려워해서이다. 스페인 정부 요인뿐만 아니라 바스크 독립에 대해서 부정적인 논조의 언론인을 포함한 선량한 스페인 시민까지 공격의 대상으로 삼는 ETA를 공포의 대상으로 여기고 있기에 취하는 언론의 자기 방어적 태도라고 볼 수 있다.

Tip 크로아티아와 보스니아 간 '계란 전쟁' 가능성

발칸 반도는 다른 인종과 종교가 혼재한 데 따른 오랜 분쟁의 역사를 가지고 있다. 1389년 오토만 제국의 지배하에 들어 5백 년 간 무슬림 영향권에 놓였었다. 세르비아, 크로아티아, 보스니아, 무슬림, 기독교, 그리스 정교 간의 반목으로 분쟁이 끊이지 않은 지역이다. 유럽의 화약고로 불리는 발칸 반도의 문제를 세르비아와 코소보 및 크로아티아와 보스니아의 갈등을 통해서 살펴본다.

유고슬라비아는 제2차 대전 당시 나치의 지배 아래에서 독일군에 대한 항전을 이끌었던 티토가 전후 지도자로 등장하고, 여섯 개 공화국으로 구성된 연방 국가가 되었다. 유고슬라비아는 슬로베니아, 크로아티아, 세르비아, 보스니아-헤르체고비나, 몬테네그로, 마케도니아 그리고 코소보와 보이보디나 자치주로 구성된 연방 국가였다. 1980년 티토 대통령이 사망한 뒤 코소보 독립운동이 본격화하면서 무슬림과 기독교의 충돌이 벌어졌다.

밀로세비치 대통령은 1995년 나토의 평화유지군을 받아들이는 데이튼 협약에 동의했지만, 데이튼 협약은 코소보 문제를 명문화하지 않아 코소보 사람들은 세르비아의 압제 속에 놓이게 되었다. 1996년 밀로세비치 대통령이 재선되고 코소보 학교에서 알바니아어의 사용을 허용했지만, 알바니아인들에 대한 압제는 계속되었다. 코소보 해방군은 독립을 얻기 위해서 세르비아에 대한 테러 공격을 감행했다. 이에 대해서 세르비아군은 잔인한

보복을 해 코소보에서 수많은 민간인 사상자를 냈다.

　코소보인들을 보호하기 위한 협정 체결에 거듭 실패하자, 나토군은 유고슬라비아에 대해서 1999년 3월 24일부터 같은 해 6월 11일까지 79일 간의 폭격을 감행해 결국 세르비아가 코소보인들의 안전 귀환을 보장하는 휴전에 동의하게 만들었다.

　나토의 코소보 폭격은 유고슬라비아군이 코소보에서 철수함으로써 나토의 승리로 종결되었다. 1999년 6월 12일 밀로세비치 대통령의 동의하에 나토군(KFOR)이 코소보에 주둔하기 시작했다. 나토 신속배치군이 주력 부대로서, 여기에는 영국, 독일, 이탈리아, 스페인 그리고 미국이 참여하고 있다.

　이후 최근까지 세르비아는 여전히 세르비아계가 주민의 대다수인 북(北)코소보에 대한 국경 통과 문제로 코소보와 마찰을 빚어왔으나, 지난 12월 이 문제에 대해서 양국이 합의점을 찾았다. 그러나 합의만으로 충분하지 않았다. 왜냐하면 북코소보의 세르비아인들이 코소보 정부에서 파견된 경찰과 세관원들의 출입을 막기 위한 바리케이드를 설치했기 때문이다. 이 때문에 나토의 평화유지군인 KFOR와 거친 몸싸움이 벌어져 독일 군인 여러 명이 부상을 입었다. 이 사건은 독일의 심기를 건드렸다. 앙겔라 메르켈 독일 총리는 "세르비아를 유럽연합(EU) 회원국 후보로 상정하는 문제는 논의 대상에도 없다."라는 격한 반응을 보였다.

　코소보 해방군의 목표는 코소보를 알바니아와 통일시키는 것이다. 따라서 알바니아가 코소보 해방군을 지원하는 것을 저지하기 위해서 세르비아는 알바니아에 대한 공격 가능성도 배제하지 않고 있다. 결국, 발칸 반도에는 또 다른 전운이 떠올랐다.

　발칸 반도에서 무역의 정지는 전쟁의 전조가 될 수도 있다. 이런 말이 나오는 것은, 1906년 오스트리아-헝가리 제국이 세르비아에 돼지고기 수출을 금지한 일 때문이다. 소위 '돼지 전쟁'으로 불리는 이 사건은 1차 대전의 불씨가 된, 사라예보에서의 프란츠 페르디난드 왕자의 암살로 이어졌다.

　크로아티아가 2013년 7월 1일 EU 정회원국이 될 때 크로아티아, 슬로베니아와 헝가리 국경은 무의미해진다. 하지만 국경을 맞대고 있는 세르비아, 몬테네그로, 보스니아는 EU 밖의 영역이 된다. 크로아티아와 세르비아 국경은 단거리이고 크로아티아와 몬테네그로 국경은 작기 때문에 국경 문제는 무시해도 될 정도이다. 중요한 것은 이 두 나라가 낙농 제품을 EU에 수출하는 데 EU 위생 관리 부서의 기준을 잘 따르고 있다는 점이다.

　한편, 2013년 크로아티아가 EU에 가입할 때, 보스니아는 더는 계란과 육류 그리고 낙농제품을 크로아티아에 수출할 수 없게 된다. 왜냐하면 농산물과 수출을 관장하는 부서가 존재하지 않아 낙농제품에 대한 통제가 전혀 되지 않고 있기 때문이다.

　이러던 차에 보스니아의 정당 지도자들은 2011년 12월에서야 2010년 10월 총선이 끝난 15개월 만에 내각을 구성하는 데 가까스로 합의했다. 보스니아의 정치인들은 정치적 합의점을 찾지 못할 것 같다고 생각하고 있던 터에 이 같은 합의가 느닷없이 이루어진 것이다. 사실 그동안 중앙 정부의 역할 부재는 유럽 통합에 장애가 됨은 물론 EU 기금을 차단시켜 외국인 투자의 실종으로 이어졌다. 이번 새 정부의 구성으로 예상되는 '계란 전쟁'을 미연에 방지할 수 있을지 주목된다.

Tip 　　　　　　**유럽 축구의 성공 배경**

　남아공월드컵은 유럽의 잔치가 되었다. 유럽은 남아메리카의 선전을 8강에서 잠재우고, 4강에 세 나라(독일·스페인·네덜란드)가 진출했으며, 유럽 국가인 네덜란드와 스페인이 결승을 치루었기 때문이다. 유럽 축구가 발달한 이유는 무엇일까?

　유럽축구연맹(UEFA)은 올 2010년 시즌에 챔피언스리그에 속한 유럽 32개 구단에 8억 유로를 배당금으로 지급할 만큼 막대한 재정을 보유하고 있다. 결론부터 말하면, 유럽 축구가 성공을 거두는 이유는 유럽인들의 축구에 대한 열정 이외에 자금력에 있다. 2009년 챔피언스리그 우승팀인 스페인의 바르셀로나는 4천 5백만 유로의 상금을 받았다. 월드컵 우승 상금이 3천만 달러인 것과 비하면 챔피언스리그 상금은 약 2천만 달러가 더 많다. 알려진 대로, 챔피언스리그는 1955년부터 UEFA에서 주관해 온 세계 프로축구 클럽 대결의 최고봉이다.

　우선 챔피언스리그에 참가할 수 있는 자격을 얻는 클럽은 경기 결과에 따라 금전적인 보상을 받는다. 2008-2009시즌의 상금 내역을 보면, 일단 3백만 유로가 기본이다. 이 금액이 각 구단에 지급되고, 승패에 상관없이 경기당 40만 유로, 1차전(group stage)에서 이기는 경기당 60만 유로, 무승부는 30만 유로가 지급된다.

　16강에 오르면 2백 20만 유로, 8강은 2백 50만 유로, 4강은 3백만 유로, 준우승팀은 4백만 유로, 우승팀은 7백만 유로를 받는다. 이것을 토대로 환산했을 때 2009-2010시즌에 8강에만 들어도 6백만 유로의 수입을 올릴 수 있다는 계산이 나온다.

좋은 경기 결과가 상금으로 연결되기 때문에 이 자금력을 바탕으로 훌륭한 선수를 스카우트 하는 데도 적극적이다. 특히, 영국 프리미어리그의 상위 프로팀들이 성공적으로 구단을 경영하는 이유 중 하나는 인력 운영에 있다고 본다. 능력에 따라 외국 감독을 선임하고, 실력에 따라 외국 선수들을 스카우트하기 위해 어느 나라보다 열성적으로 움직이기 때문이다.

프리미어리그 '빅 4' 가운데 순수한 잉글랜드 출신은 없다. 맨체스터 유나이티드의 퍼커슨 감독은 스코틀랜드 출신, 아스널의 벵거 감독은 프랑스인, 최근 인터 밀란으로 옮긴 전 리버풀의 베니테스 감독은 스페인 출신, 첼시 감독 안첼로티는 이탈리아 사람인 것을 보면 잘 알 수 있다. 영국 금융의 경쟁력이 개방 정책에 있는 것처럼, 스포츠 분야도 문을 활짝 열어 놓았고 그 이득을 영국이 누리고 있다.

그러면 UEFA가 이처럼 막강한 자금력을 지닌 배경은 무엇일까? FIFA와 마찬가지로, 방송권이 UEFA의 주된 수입원이다. 유럽의 5대 프로 리그는 영국·프랑스·이탈리아·스페인·독일인데, 영국과 프랑스 축구 방송 중계권은 16억 유로를 상회한다. 독일의 분데스리가는 아디다스 같은 스포츠용품 기업의 유니폼 스폰서 활동에서 큰 수입을 올리고 있다.

스페인 프로클럽의 쌍두마차인 바르셀로나와 레알 마드리드의 라이벌 관계는 흥행을 보장하고 있고, 스페인 국내뿐만 아니라 전세계 스페인어권에서 시청하는 경기여서 막대한 방송 중계 수입을 올리고 있다. 이탈리아의 네 개 클럽인 AC 밀란, 인터 밀란, 유벤투스, 라찌오는 구단주의 자금력 덕분에 유럽에서 '가장 부유한 20개 팀'에 포함된다.

더불어 남미 축구 스타들이 영국, 이탈리아 그리고 스페인에서 뛰는 사실을 보면 유럽 축구가 잘나가는 이유가, 테니스도 잘하는 사람과 플레이 해야 실력이 느는 것과 마찬가지로 훌륭한 선수들과 어울려 경기를 함으로써 경기력이 향상되는 것이다.

유럽 축구의 흥행 능력은 관중 동원 수를 보면 분명해진다. 나라별 평균 관중 수는 독일 분데스리가 4만 2천 명, 잉글랜드 프리미어리그 3만 4천 명, 스페인 프리메라리가 2만 7천 5백 명 그리고 이탈리아 세리에A가 2만 4천 명이다. 특히, 최대 관중을 동원하는 분데스리가는 2008-2009시즌 처음으로 평균 관중 4만 명을 돌파해, 관중 감소가 시급한 현안이 되고 있는 다른 빅 리그들의 부러움을 사고 있다.

게다가 독일은 영국처럼 럭비나 크리킷 같은 단체 경기가 대중적이지 않고, 테니스나 골프 같은 개인 종목도 영국만큼 활성화되어 있지 않다는 점에서, 축구에 쏠리는 관심이 상대적으로 크다. 그렇다 치더라도 경기장을 찾는 축구팬들의 꾸준한 성원이야말로 독일 축구가 잘되는 가장 큰 이유임에 틀림없다.

에필로그

《유로피안 판도라》에서 유럽이 하나되기 위한 노력의 형태를 어제, 오늘 그리고 내일의 시각에서 조명해 봤다. 원대한 숙원이기도 한 하나된 유럽을 만들기 위한 목표에 다가가는 유럽은 아시아인, 특히 필자 같이 분단국가에서 태어나 자란 사람에게는 경이롭게 다가온다. 왜냐하면 한 나라가 둘로 나뉘어 사는데 급급하니, 다른 나라와의 통합은 그 다음 수순으로 여기지기 때문이다.

유럽통합이 본격화 된 표면적인 이유는 2차 대전 후 전쟁 재발을 막자는 공동의 목표가 있었기 때문이다. 하지만 통합의 원동력은 역사적으로 이어온 통혼에 의한 왕실관계와 기독교 문화의 전통 속에서 동질성을 느낄 만한 공통된 요소들로 가치관을 공유하고 있는데서 나왔다. 뿐만 아니라 르네상스를 기점으로 세계 정세를 서구세계가 주도하게 된 것은 이탈리아의 메디치 가문, 독일의 로스차일드 가문, 그리고 스웨덴의 발벤베리 가문이 모두 금융업을 시작으로 거대 자본가로 성장하여 유럽을 지금의 파워하우스로 만든 것이다. 이 세 가문은 왕실의 비 효율적 보수성과 정치인의 비 연속성의 한계를 합리적이고 혁신적

경영기법과 성공적인 네트워크 구축을 통해서 극복하고 성장할 수 있었던 것이다.

6개국에서 시작된 유럽통합이 27개 EU 회원국으로 늘어났고, 더 확대될 예정이다. 유럽연합의 확대는 기득권을 지키고 더 나아가 확장하고자 하는 의지를 담고 있는 것이다. 이미 세계의 시장에서뿐만 아니라 문화와 스포츠 세계에서도 우위와 주도권을 잡고 있는 유럽은 눈에 두드러지지 않게 그 영향력의 확대를 다각도로 모색하고 있다.《유로피안 판도라》라는 제목에서 말해 주듯이 유럽인이 쌓아 온 것들에서 많은 재능과 능력이 발견된다. 서구 문명을 연속 선상위에서 발전시키는 유럽인의 모습 속에는 자신감이 베어있다. 그리고 그 자신감은 세계를 주도해 왔고, 그러기에 그 주도권을 놓지 않으려는 주도면밀함이 보인다.

개인도 결점과 장점이 있듯이, 나라도 약점과 강점이 있다. 중요한 것은 공동체 내에서 개인의 결점을 보강하듯이 국가간의 협력을 통해서 한 나라의 약점을 보완할 수 있다는 사실이다. 즉, 유로피안의 강점은 리프킨의 표현처럼 '다양성 속의 조화 unity in diversity'이다. 유럽은 나라별로 가진 재능과 장점들이 모여서 독특한 창의성을 창출해 온 것이다.

'극서 Far West= 유럽'의 특징은 서로 긴밀하게 협력한다는 것이다. 반면, 동아시아는 서구세계에 비해서 단결된 모습을 보이지 못하고 있다. 유럽의 경우에서 보듯이, 동아시아에서도 나라별 강점을 효율적으로 잘 살려 경쟁력으로 활용할 수 있는 방도를 생각해 보아야 할 때가 왔다고 본다.

동아시아에서도 유럽처럼 통합하여 단일통화를 도입하자는 제안이 나오고 있지만, 넘어야 할 장애물들이 많다. 그러나 유럽이 과거의 반목과 분쟁을 종식시키고 동질감을 바탕으로 협력하고 있듯이, 동아시아도 한자와 유교라는 문화적 전통을 공유하고 있다는 점에서 동질감을 찾아 긴밀하게 협력할 수 있다. 그렇게 되면 유럽처럼 과거의 아픔과 앙금을 극복하고 아시아 내에서 비생산적인 경쟁을 뛰어넘어 더 나은 관계로 발전될 것이다.

THE EUROPEAN PANDORA

THE EUROPEAN PANDORA

부록

유럽과 나

2008년 9월 〈뉴시스〉 통신과의 인터뷰는 필자의 유럽생활 일면을 보여준다.

뉴욕에서 만난 사람: 한국 최초 유럽 안보 전문가 조명진 박사

어린 시절 2차 대전의 공중전을 다룬 영화에 푹 빠졌던 소년의 꿈은 전투기 조종사였다. 소년은 중학생이 되면서 외무부 장관을 새로운 목표로 삼았다. 그러기 위해선 외국어를 전공해야 한다고 생각했고 한국외국어대학교 서양어 대학 스웨덴어과 현 스칸디나비아어과 에 입학했다.

그로부터 24년. 홍안의 소년은 불혹을 넘긴 중년이 되었고 유럽연합 EU 집행이사회의 최고전문가 중 하나로 자리했다. 한국인 최초의 안보 전문역이라는 자랑스런 수식어와 함께. 조명진 박사. 그의 인생은 한국인으로는 보기 드문 경력과 드라마틱한 도전으로 점철돼 있다. 한국외국어대학교 대학원을 마치고 런던정경대LSE에서 유럽학을 전공한 그는 스웨덴 국방연구소와 본 국제군축연구원, 독일국제안보연구원 등에서 방위산업 분석가와 연구원 활동에 이어 2003년부터 EU 집행이사회 안보전문가로 활약하고 있다.

최근 수년 간 여러 언론매체를 통해 미국 일변도의 시각이 아닌 균형있는 국제정세 분석과 주목할만한 연구자료를 내놓은 그는 연초에 출간한 《세계 부와 경제를 지배하는 3개의 축》으로 국내에서도 스포트라이트를 받았다. 유럽통합을 제대로 배워서 한국 학계로 돌아올 목적으로 유학을 떠났던 한 젊은이가 유럽연합 집행이사회의 안보 전문가로서 그의 인생여정을 들어보았다.

Q 런던과 스톡홀름, 본, 베를린 등 유럽의 4개 도시에서 살아 온 삶이 예사롭지 않네요.

"어린 시절 2차 세계대전 영화를 즐겨보면서 유럽에 대해 관심을 가졌습니다. 공교롭게도 제가 살아온 나라들은 2차대전의 핵심 관련국입니다. 2차 대전에서 연합군인 영국, 중립국인 스웨덴, 그리고 전쟁을 일으킨 독일에서 살았으니까요. 어린 시절의 관심이 실제 제 삶에 그대로 펼쳐졌다고 말 할 수 있겠지요."

Q 존 F 케네디와 조지 소로스 등 걸출한 인물을 배출한 런던정경대 LSE에서 학위를 받았는데 특징이나 독특한 학풍이 궁금합니다.

"LSE를 영국 언론에서는 '옥스브리지 Oxbridge 옥스포드와 캠브리지의 통칭의 급진적 라이벌Radical Rival'이란 표현을 씁니다. 두 대학이 전통적으로 보수적인 상아탑의 이미지를 갖고 있는 반면, LSE는 런던 시내한 복판에 있어서, 런던증권거래소London Stock Exchange: LSE와 혼동하지요.(웃음) 실제로 학교 분위기가 증권시장처럼 분주합니다. 모두들 바쁘게 강의실을 오가고 공개강좌에 학생들은 넘쳐나지요. 특히,《제3의 길 The 3rd Way》의 저자인 전 학장 안소니 기든스Anthony Giddens의 강좌는 늘 초만원이었습니다. 또한 활발한 외부와의 교류가 LSE로 하여금 더 다이나믹한 학풍을 갖게 만드는 요인이 됐습니다."

런던정경대에서는 EU본부가 있는 벨기에 브뤼셀에서보다 더 많은 EU 관료를 만날 수 있다고 한다. LSE의 초청강사들 중 상당수가 EU 관계자이기 때문이다. LSE는 저명인사들의 강연을 적극적으로 초청하는 곳으로 유명하다. 조 박사가 헨리 키신저로 부터 그의 저서《The Diplomacy》에 사인을 직접 받은 곳도 LSE 시절이었다.

Q 런던에서 스웨덴에는 어떻게 가게 됐습니까?

"런던정경대에서 논문 주제가 스웨덴 전투기 사업이었어요. 스웨덴 국방연구소를 일 년에 한번 꼴로 방문했는데 스웨덴국방연구소 소장인 잉게마르 더르포르 박사가 저를 아예 그 연구소에 불러주었어요. 제 인생의 멘토이자 후견인, 그리고 베스트 프렌드를 만났기에 제 삶이 유럽에서 다채롭게 이어진 것이지요. 스웨덴 3년 생활을 마치고 독일 본 국제군축센터BICC 연구원직에 지원할 때도 더르포르 박사의 추천서가 주효했답니다. 베를린으로 자리를 옮긴 것도 더르포르 박사가 소개한 연구소에서 불러주어서 가능했습니다."

더르포르 박사는 1960년대 말 하버드에서 헨리 키신저 교수가 지도교수였고, 스웨덴 칼 빌트 수상의 보수당 집권 시 외교안보수석을 지낸 인물이다. 조 박사는 그의 별명이 '스칸디나비아의 키신저'라고 소개했다.

Q 베를린의 연구소에서 불러줘서 독일 생활을 하게 됐다고 했는데, 그게 독일국제안보연구원 SWP 이었나요?

"아닙니다. 사실 저를 부른 연구소는 지금 존재하지 않습니다.(한숨) 독일 국방부가 자금을 대고 설립하려던 연구소는 포츠담 대학 내에 있는 대서양 안보 국방연구소였습니다. 그 일을 진행한 담당자는 마가레타 마티오플로소 교수지요. 독일에서는 빌리 브란트 전 수상의 비서 겸 애인이었던 인물입니다. 그런데 샤핑 국방부 장관이 경질되면서, 마티오플로소 교수에게 구두로 약속했던 연구소 설립 자금이 없던 일로 돼버렸습니다. 나토 사무총장까지 모셔놓고 설립 기자회견까지 했는데 실현되지 않아서, 당시 큰 파문이 일었습니다. 그 때 마침 영국 제인스 그룹에서 북한 인민군 전력 평가 프로젝트를 제게 맡겨왔고, 독일국제안보연구원 SWP 에서 연구실을 줘서 베를린에서 머물게 된 거랍니다.

Q 유럽연합 집행이사회 안보 전문가 직은 어떻게 맡게 됐는지요?

"제인스 그룹이 의뢰한 북한인민군 전력평가가 특별 보고서로 출판하지 않기로 결정하는 바람에 관련기관 사람들이 제 프로젝트 내용에 관심을 갖게 되었습니다. 2003년의 일이었습니다. 물론 발표는 가능했습니다. 그래서 브뤼셀에 초청을 받았고 이후로 유럽연합 집행이사회 안보 전문역 member of security experts group 을 맡게 됐습니다."

Q 그간 보람 있었던 일들이 참 많았겠습니다.

유럽에서 우리나라를 위한 일들을 할 수 있다는 것 자체가 보람입니다. 한 가지 에피소드로 2006년 11월에는 KBS 다큐프로의 의뢰를 받아 스웨덴의 해군비밀기지를 최초로 공개한 일이 있습니다. 〈냉전을 전후한 스웨덴 국방체계의 변화〉라는 다큐를 기획. 진행하는 역할을 맡았는데 취재 장소 중에 '뮤스크외 비밀 지하 해군기지'에 대한 촬영 허가가 안 나와 애를 먹었어요. 결국 모든 친분과 채널을 총동원해 막판 극적으로 성사시켰는데 당시 외신으로는 처음 공개돼 많은 화제를 모았습니다.

Q 앞으로의 꿈은 무엇인가요?

"유럽에서 쌓은 지식과 경험, 특히, 군사안보 측면에서 지켜봐 온 독일 통일의 현지 경험이 향후 한국이 통일되었을 때 쓰여지기를 희망합니다." 조 박사는 "유럽에 있고 유럽을 알기 때문에 한국에 기여할 수 있다."고 말한다.

외규장각 도서 반환의 인사이드 스토리

〈뉴시스〉 2011년 2월 9일 자에 '외규장각도서 반환에 EU 조명진 박사

쓴소리 전한 보도도 한몫'이라는 제목으로 나간 기사 내용이다.

약탈된 외규장각 도서가 145년 만에 반환되는 과정에서 한국 미디어의 기사가 프랑스 정부에 영향을 미친 것으로 알려져 화제를 모으고 있다.

유럽연합EU 안보전문역 조명진 박사는 〈뉴스로〉와의 인터뷰에서 "프랑스가 최근 외규장각 도서를 정부간 합의문서로 사실상 영구반환을 하기로 한 배경에는 지난해 2월 한국의 민영통신사 〈뉴시스〉와의 인터뷰 기사가 영향을 준 것으로 들었다."고 밝혔다.

조 박사는 지난해 2월 11일 〈뉴시스〉와의 인터뷰에서 당시 프랑스 법원이 외규장각 도서 반환소송에 대해 기각판결을 내린 것과 관련, "국가 간의 신의를 저버리고 국격을 떨어뜨리는 뻔뻔스러운 태도"라며 "약탈한 물건으로 돈을 버는 루브르박물관은 전리품 전시관으로 이름을 바꿔야 한다."고 강력히 비판했다.

조명진 박사는 이 인터뷰에서 "프랑스의 사르코지 정부가 2009년 12월 이집트의 유물을 돌려준 사례가 있음에도 이미 국가 정상 간에 합의된 사항을 모른 척 하는 것은 한국을 우롱한 것"이라고 지적했다.

프랑스와는 달리 독일은 일제시대에 수집한 정선의 '금강전도'를 2006년 조건없이 돌려준 사실을 언급하며 "영국의 대영박물관과 프랑스의 루브르 박물관은 똑같이 남의 나라에서 약탈한 물건을 전시하지만 무료와 유료입장이라는 차이가 있다. 약탈한 물건으로 돈을 벌면서 양심의 가책을 느끼지 않는다면 이름을 전리품 전시관으로 불러야 마땅하다."고 힐난했다.

당시 인터뷰는 프랑스 한인 매체인 한 위클리에 보도됐고 현지 동포가 이 기사를 토대로 프랑스 정부에 항의를 했다는 것이다. 또한 번역된 기사가 프랑스의 정책 입안자들에게 정식으로 전달된 것으로 알려졌다.

조명진 박사는 "루브르 박물관을 전리품 전시관으로 이름을 바꾸라고도 했지만, 히틀러도 프랑스 점령 시 문화재를 약탈하지 않았고, 스탈린은 독일 점령 시 가져간 문화재를 반환했다는 말을 듣는 순간 물마시다 체한 느낌이 들었을 것"이라고 말했다.

프랑스는 1993년 미테랑 대통령이 김영삼 대통령에게 외규장각 도서반환을 양해각서로 약속하고도 도서관 국립사서들과 문화계 인사들이 반대한다는 이유로 반환에 성의를 보이지 않았다.

급기야 2007년 문화연대가 프랑스정부에 반환소송을 제기했으나 프랑스 법원은 도서를 탈취한 병인양요 당시는 국제규범이 성립되기 전이며 약탈품이 아니라 전리품이라는 뻔뻔스러운 논리로 기각판결을 내려 국민적 공분을 자아냈다.

한편, 조 박사는 1993년 당시 김영삼 정부가 고속철 TGV를 도입하면서 프랑스 미테랑 대통령과 외규장각 도서반환에 합의하면서 우리 정부가 허술한 대처를 한 것도 비판을 가했다. 그는 "프랑스가 어떤 나라인데 두루뭉술한 양해각서 하나만 믿고 TGV라는 어마어마한 사업권을 줄 수 있느냐? 반환하지 않을 경우 페널티 조항을 계약서에 넣었어야 했다. 국가 간에 협약과 계약이 전세계약서보다 부실하다."고 꼬집었다.

조 박사가 당시 인터뷰에서 G-20회의 때까지 해결책이 나올 것이라고 예견한 것도 적중했다. 그는 "프랑스 정부가 계속 외규장각 도서 반환을 거부하기는 힘들다. 법적 조치와 함께 프랑스 대사관 앞 시위 등 강도높게 압박하면 G-20 전에 해결책이 생길 가능성이 있다."고 전망했고 실제로 이명박 대통령과 사르코지 대통령이 서울 G20 정상회의 때 반환에 최종 합의했기 때문이다.

2009년 4월 26일자 '스웨덴의 키신저' 더르퍼르 박사 한국과의 특별한 인연 이라는 제목으로 소개된 기사이다.

스칸디나비아의 키신저, 더르퍼르 박사와의 특별한 인연

최근 70세를 일기로 타계한 '스칸디나비아의 키신저' 잉에마르 더르퍼르Ingemar Dörfer 박사와 유럽연합의 유일한 한국인 안보전문역 조명진 박사와의 인연이 눈길을 끌고 있다. 더르퍼르 박사는 하버드 대학교에서 헨리 키신저의 지도로 스웨덴 비겐 전투기 사업을 주제로 박사학위를 받은 유럽 최고의 안보전문가로 92년부터 칼 빌트 정부에서 외교안보수석을 맡았고 스웨덴국방연구소장을 역임하면서 '스칸디나비아의 키신저'라는 별명을 갖게 됐다.

그와 한국과의 인연은 한국인으로는 유일하게 유럽연합 EU 의 안보전문역을 맡고 있는 조명진 박사와의 특별한 만남으로 시작됐다. 런던 정경대에서 논문을 쓰기 위해 자료 수집 차 스웨덴 국방연구소를 일 년에 한 차례씩 출입하면서 더르퍼르 박사와 인간적인 유대를 갖게 됐다.

1998년 11월 더르퍼르 박사의 초청으로 스웨덴 국방연구소에 부임할 수 있었던 조 박사는 〈뉴시스〉와의 인터뷰에서 "더르퍼르 박사는 스승이자 인생의 멘토였지만 나를 절친한 친구로 대해줬다."면서 "영국 유학시절 이후 지금까지의 유럽 생활은 그가 있었기에 가능했다."고 말했다.

더르퍼르 박사는 조 박사가 스웨덴에서 3년 생활을 마치고 2001년 독일 본국제군축센타 BICC의 연구원으로 갈 수 있도록 힘써주었고 본에서 베를린으로 소속을 옮길 때에도, 베를린에 방산컨설팅회사를 설립할 때도 큰 도움을 주었다.

평소 한국에 대해 좋은 이미지를 갖고 있던 더르퍼르 박사는 88서울올림픽 때 외국어대 학생이었던 조 박사가 스웨덴 국왕의 전 통역을 맡은 이력과 영국에서 논문주제로 스웨덴 그리펜 전투기 사업을 다루는 한국 학생을 가상히 여겼다는 후문이다. 그 자신 또한 스웨덴 비겐전투기 사업을 주제로 하바드에서 박사학위를 받았기 때문에, 조 박사가 자신의 뒤를 이을 후계자로까지 생각했을 법하다.

더르퍼르 박사는 생전에 좋고 싫은 것이 뚜렷한 한국 사람들을 특히 좋아했다. 다정다감하거나 쉽게 다가갈 수 있는 인물은 아니었지만 조 박사를 비롯한 가까운 한국인들에게는 거의 무조건적인 도움을 베풀었다.

스웨덴 그리펜전투기 사업에 대한 연구 프로젝트를 수행하기 위해서 정부와 공군 주요 기업의 인사들을 만나는데 더르퍼르 박사의 주선이 결정적 역할을 했다. 토르뵨 펠딘 Thorbjörn Fälldin 수상과 에릭 크뢴마르크 국방장관, 벵트 구스탑손 합참의장, 스벤 울손 공군참모 총장 등 스웨덴 정계와 군부의 고위직 인사들과 그리펜 전투기를 제작하는 사브SAAB의 스텐 구스탑손 사장, 하랄드 쉬레더 회장 등 스웨덴에서 가장 영향력있는 인사들을 두루 만날 수 있었다.

2006년 KBS 촬영팀과 함께 스웨덴을 방문해서 냉전 시 잠수함 비밀기지로 쓰인 뮤스크외 촬영이 언론 사상 최초로 이뤄진 것 역시 더르퍼르 박사의 인맥이 아니었다면 불가능했다고 조 박사는 털어놓았다.

더르푸르 박사는 1939년 독일 아버지와 스웨덴 어머니 사이에서 2차 세계대전이 발발하던 해 나치 독일의 수도 베를린에서 출생했다. 1945년 전쟁이 끝날 무렵 어머니를 따라 폐허가 된 베를린을 떠나 스웨덴으로 옮겼다. 독일에 남았더라면 독일 사람이 되었을 텐데 스웨덴 어머니 덕분에 스웨덴인이 될 수 있었던 것이 다행이었다고 그는 회고한다.

더르푸르 박사의 10편이 넘는 저서 중에는 F-16전투기의 유럽 나토국가 판매를 다룬 1983년 '무기거래:F-16'과 해리 윈터Harry Winter 라는 필명으로 1989년 출간한《Operation Garbo작전 가르보》'가 있다. 이 작품은 소련의 스웨덴 침공을 가상한 소설로 많은 화제를 불러 일으켰다. 생전의 마지막 저서는 2005년 발간된《미국의 대전략 : 스웨덴의 시사점》이다.

조명진 박사는 "1999년 말의 일이다. 더르푸르 박사가 미국출장을 며칠 앞두고 퇴근길에 빙판에서 넘어져 다리가 부러졌다. 독신인 그를 수발해 줄 사람이 없었다. 그래서 2주간 아파트에 함께 있으면서 병원에 갈 때 택시를 불러 모시고 갔고, 샌드위치 같은 간단한 아침식사를 준비해 드렸다. 스승에 대한 당연한 예우였는데 감동을 하셨던 것 같다."고 회상했다.

"한번은 그의 아파트에 삼계탕 솥을 전기에 올려놓고 끄지 않은 채로 집을 나갔다가, 생각이 나 몇 시간 뒤에 돌아왔더니, 누런 연기가 아파트 전체로 퍼져 나오는 등 화재 일보직전이었다. 탄 냄새가 아파트에서 빠지는 데는 한 달이 더 걸렸다. 그 날 퇴근 후 돌아온 더르퍼르 박사는 미안해서 어쩔 줄 모르는 나를 보고 "남은 한국 닭죽 못 먹어서 아까운데, 이웃들이 놀랐을 텐데 사과하러 가야겠어." 그게 전부였다.

스웨덴에서 독일 본국제군축센타의 연구원자리로 갈 때, 그는 추천서를 기꺼이 써 주면서 "내 생전에 이렇게 과장된 추천서를 써 본 적이 없어, 이런 추천서 보고도 자리를 안 주면 이상할 것"이라고 농담하기도 했다.

참고문헌

[서적]

Hans J. Michelmann, European Integration: theories and approaches, Panayotis Soldatos, University Press of America, 1994

Michael O'Neill, The Politics of European Integration: a reader, Routledge, 1996

Jacques Pelkmans, European Integration: methods and economic analysis, Pearson Education Ltd, 2006

Andrew Ross Sorkin, Too Big to Fail: Inside the Battle to Save Wall Street, Penguin Books, 2010

Joseph Stiglitz, Freefall: Free Markets and the Sinking of the Global Economy, Allen Lane, 2010

제레미 리프킨, 유러피언 드림, 민음사, 2005

프레스토위츠, 부와 권력의 대이동, 지식의 숲, 2005

장승규, 존경받는 기업 발렌베리가의 신화, 새로운 제안, 2006

알리시나 & 지아비치, 유럽의 미래, 21세기북스, 2007

클로테르 라파이유, 컬처 코드, 리더스북, 2007

조명진, 세계 부와 경제를 지배하는 3개의 축, 새로운 제안, 2008

조명진, 우리만 모르는 5년후 한국경제, 한경BP, 2010

조지 소로스, 유로의 미래를 말하다, 지식트리, 2012

[정기간행물]

The Wallenbergs: Sweden's enduring business dynasty, The Economist, 2006.10.12

Violin-making: Older and richer, The Economist, 2009.12.07

David Cameron and Angela Merkel's awkward blind date, Daily Telegraph, 2011.11.19

Sweden and the euro: Out and happy, The Economist, 2011.12.03

Sweden's Social Democrats: Fading charms, The Economist, 2011.12.31

David Cameron hits out at EU over euro failings, Daily Telegraph, 2012.01.26

Germany and Greece: Wolfgang's woes, The Economist, 2012.02.20

Euro Crisis Debate, Das Spiegel, 2012.02.03

Deal or Default? Tension Rises as Greek Debt Swap Deadline Looms, Das Spiegel, 2012.03.08

Debt Haircut for Greece, Das Spiegel, 2012.03.09

'Historic Opportunity' Greece Pulls Off Debt Restructuring Deal, Das Spiegel, 2012.03.09

Despite Progress, Euro Crisis Is Far From Over, AP, 2012.03.15

'Husband and wife' to be removed from official documents', Daily Telegraph, 2012.03.16

조명진, 삼성의 벤치마크- 스웨덴 발렌베리가, 신동아 2006년 1월호

조명진, 한국인에게는 '세부적 창의성'이 있다, 재외동포신문 [175호], 2009.05.22

조명진, '문화와 전통으로 살펴보는 유럽인들의 창의성', 사이언스 타임즈(Science Times) 2009.07.06

조명진, 이제 '금융제국 런던'은 없다, 시사저널 [1056호], 2010.01.13

조명진, 팽창하는 EU, 터키에는 '좁은 문', 시사저널 [1057호], 2010.01.20

조명진, 프랑스어, '흘러간 옛노래' 되는가, 시사저널 [1058호], 2010.01.27

조명진, '건물도, 회장님도 취리히에 있으니…', 시사저널 [1059호], 2010.02.03

조명진, 유럽 통합의 기초 공사 '왕실 간 통혼', 시사저널 [1064호], 2010.03.10

조명진, 종교보다 문화로 명맥 잇는 유럽 기독교, 시사저널 [1070호], 2010.04.21

조명진, '제2의 아바' 탄생할까, 시사저널 [1075호], 2010.05.26.

조명진, 유럽왕실, '평민 결혼' 새 트렌드, 시사저널 [1080호], 2010.06.30

조명진, '연합'한 유럽, 지역감정은 골 깊네, 시사저널 [1100호], 2010.11.17

조명진, 유럽 극우 정당의 '이유 있는 부활', 시사저널 [1103호], 2010.12.08

조명진, '완벽한 유럽인'은 어떤 사람일까?, 시사저널 [1107호], 2011.01.05

조명진, '진정한 휴전인가 또 다른 기만인가', 시사저널 [1150호], 2011.11.02

조명진, 그리스 위기는 끝 아닌 '끝의 시작', 시사저널 [1152호], 2011.11.16

조명진, '두 마리 토끼 잡기' 갈 길 바쁜 사르코지, 시사저널 [1153호], 2011.11.23

조명진, 주변 신세 된 영국의 '줄타기' 외교, 시사저널 [1154호], 2011.11.30

조명진, 유럽중앙은행은 해결사인가, 관망자인가, 시사저널 [1155호], 2011.12.07

조명진, 111년 역사의 노벨상, 아직도 '서구 잔치', 시사저널 [1157호], 2011.12.21

조명진, 스웨덴, 유로 사용 기로에 서다, 시사저널 [1156호], 2011.12.14

조명진, 유로존에 '낙제생'들 출현…재정 위기가 유럽 정치 지도 바꿨다, 시사저널 [1156호], 2011.12.14

조명진, 세계 5대 언어로 부상하는 한글, 매일경제신문, 2011.12.18

조명진, 발칸 반도에 또다시 전운 꿈틀, 시사저널, [1161호], 2012.01.18

조명진, 자국민과 이민자 사이 '각국 각색', 시사저널 [1163호], 2012.02.01

조명진, 'EU 탈퇴냐, 잔류냐' 머리 싸맨 영국, 시사저널 [1164호], 2012.02.08

조명진, 보일듯 말듯 스위스 은행 위기의 '비밀주의', 시사저널, [1167호], 2012.02.29

조명진, 유럽통합의 근간이 된 왕실통혼전통, EU Brief 2012년 4월호, SERI EU 센터

THE EUROPEAN PANDORA

유로피안 판도라

발행일 | 초판 1쇄 2012년 4월 27일

지은이 | 조명진
펴낸이 | 고진숙
펴낸곳 | 안티쿠스
책임편집 | 김종만
북디자인 | 배경태
CTP출력 | 상지사피앤비
인쇄·제본 | 상지사피앤비
물류 | 문화유통북스
출판등록 | 제 300-2010-58호(2010년 4월 21일)
주소 | 서울시 종로구 부암동 29-8 울트라타임 730오피스텔 612호
전화 | 02-379-8883, 723-1835
팩스 | 02-379-8874
홈페이지 | www.antiquus.co.kr
이메일 | mbook2004@naver.com

값은 뒤표지에 있습니다.
이 책의 무단전재 및 복제를 금합니다.

ISBN 978-89-92801-25-6 03300

THE EUROPEAN PANDORA